新釈「五輪書」

宮本武蔵の哲学を読む

長尾 剛

PHP文庫

JN265542

○本表紙図柄＝ロゼッタ・ストーン(大英博物館蔵)
○本表紙デザイン＋紋章＝上田晃郷

まえがき「『五輪書』の成り立ち」

『五輪書』。

戦国動乱の末期から江戸時代初期に生きた不世出の大剣豪・宮本武蔵（一五八四〜一六四五）が、最晩年に書き記した兵法書である。

兵法書とは何か。それは、武芸の解説や武士の心構えについて、それぞれの流派の考えを独自に論理化したもので、弟子の指導教育に使われるテキストだ。江戸時代初期、徳川三代将軍・家光の治世の頃によく作られ、有名なものだけでも『武道初心集』『武教本論』『兵法家伝書』『葉隠』……などなどがある。

『五輪書』は、全五巻。分量は、現在の原稿用紙に直して、八十枚分程度といったところだろうか。他の兵法書と比べると、分量としては多いほうだ。宮本武蔵、渾身の力作である。

宮本武蔵が創始した流派は「二天一流」という。

いわゆる「二刀流」の通称で有名だ。重い刀を片手でも使いこなすというのが、最大の特徴の流派である。だからいざとなれば、二本の刀を左右それぞれに、いっぺんに持てるというわけだ。ふだんいつでも左右に刀を持つというわけではない。

いずれにしろ、たいへんな体力と並外れたテクニックを要する。流派の創始者たる天才・宮本武蔵でなければ、とても完璧にマスターできる流派ではなかった。二天一流は現在、多少形を変えて熊本に細々と伝わっている。が、江戸時代を通じ「二天一流の大剣豪」として武蔵以上に名を馳せた剣客は、いない。

宮本武蔵という人は、じつは思想家としても優れた人物だった。

戦国時代末期から江戸時代初期の日本の思想は、伝統的な仏教思想を基本としつつ、儒教が本格的に学ばれ始めていた。戦国動乱の中で育まれた下剋上思想（身分の下の者が上の者を超えるのは、天からの使命だと正当化する思想）の発達なども、特徴的である。

武蔵の場合は、剣豪として常に勝利を目指す姿勢から、じつにクールな現実主義・合理主義・道具主義的な思想を、独自に持っていた。『五輪書』は、こうした武蔵の思想から発せられる人生や社会への提言も、多く含まれている。その点が『五輪書』を、こんにちにも通ずる名著として輝かせている。

しかし、だ。『五輪書』の本質はあくまでも「二天一流」の剣技を解説したハウツー本である。武蔵本人も無論そのつもりで書いたわけであり、したがって、そこに記されている内容は大半が、我々の現代生活には直接役立たない。

いや、じつは書かれた当時からすでに、それは役立たない書物だった。

徳川幕府とは、日本史上初めてこの国から戦乱を一掃した政権なのである。徳川体制が磐石となっていた宮本武蔵最晩年の頃にあっては、剣技に現実的な価値は、もはや失われていた。

剣技とは、突き詰めていけば「いかにして敵を倒すか（殺すか）」のテクニックである。そんなもの、もはや無用の長物以外の何ものでもなかったのだ。この意味において、宮本武蔵は明らかに「歴史に乗り遅れた不遇の人物」だった。

武蔵という人は、徹底したリアリストだった。彼にとって兵法とは「敵を倒す戦略」そのものである。それを、観念的な理屈でこね回して、日常道徳や平和政治思想に切り替えるなんてことは、決して出来なかったし、したくなかった。

だから『五輪書』の文面には、「記した内容が役立たないのは解っているが、これを書き残さねば自分の人生が無意味となってしまう……」といった武蔵の苛立ち・哀しみが、端ばしに感じられる。我々は、そんな武蔵の一面も『五輪書』から汲み取ってやりたい。

武蔵は『五輪書』を、寛永二十年（一六四三）から正保二年（一六四五）にかけて執筆した。書いた場所は、熊本・金峰山の中腹にある「霊巌洞」という洞窟である。山奥のうっそうとした古木生い茂る地で、とても人が快適に暮らせるような所ではない。だが武蔵は、かたくなに、ここから離れようとしなかった。

当時の武蔵は、熊本の細川藩に客分として招かれていた。つまり正規の家臣ではない。

武蔵には、仕官して正規の武士になりたいという夢は、ずっとあったのである。だが、なにしろ武蔵は当時、すでに「最強の剣豪として右に出る者なし」といった大有名人であった。だから「正規の家臣となるならば、破格の待遇でなければ世間に面目が立たない」と、おそらくは細川家も武蔵本人も、心の底で思っていただろう。

しかし現実問題、それは難しい。「客分扱い」というのは、細川家・武蔵双方とも納得ずくの苦肉の策だったと思われる。有名になり過ぎて必要以上にメンツを守らねばならなくなった悲劇というのは、よくある話だ。

藩主・細川忠利は、さすがに名家・細川家の当主である。人格に優れ、大剣豪・宮本武蔵に敬意を払うことを、決して忘れなかった。武蔵に居宅を与え、十分な生活の保証をした。

忠利は武蔵に、二天一流を体系的にまとめた書物を書いてほしいと頼んだ。それを細川家の財産にしたいと考えたと同時に、宮本武蔵の剣技を後世に残さねばならないといった文化的な使命感や、武蔵もそれを望んでいるだろうといった温情が、忠利にあったかも知れない。

武蔵はその命を受けて、まず『兵法三十五箇条』という簡単なものを書いた。これは、いわば『五輪書』のプロトタイプのようなものだ。武蔵はこののち、いよいよ本格的な「二天一流の兵法書・完全版」の構想を練り上げた。それが『五輪書』である。

しかし、歴史はどうも武蔵に手厳しい。おそらくは、武蔵が我が兵法書をもっとも読んでもらいたい人だった細川忠利は、『五輪書』執筆の頃すでにこの世の人ではなかったのだ。享年五十四。武蔵は、理解者を失った大きな悲しみの中で、その筆を執り始めたのである。

『五輪書』の各巻の巻末には、「新免《しんめん》武蔵」と署名がある。武蔵は一般には宮本姓を名乗っていて、これは母方の姓だとも伝えられている。新免は父方の姓で、さかのぼれば、京の公家につながる由緒ある血筋だという。

武蔵は子供時分から、父とは仲が悪かったらしい。それでも、武蔵にとって歴史に残す遺書とも呼べる『五輪書』に、彼は新免の姓で署名した。彼が、父方の血筋に誇りを感じていたからかも知れない。こんな空想からも、武蔵の人柄を推し量れる。

各巻の署名のあと、『五輪書』直接の宛先として書かれている「寺尾《てらお》孫丞《まごのじよう》」という人物は、細川藩士で武蔵の高弟の一人である。寺尾が受け継いだ『五輪書』は、武蔵の死後二十年余を経て、「山本源介」という人物に与えられた。各巻巻末に記された名前は、そういった事情による。

そして、それを筆写したものが、細川家に伝えられた。武蔵自筆の『五輪書』はすでに不明で、この細川家の筆写版が、こんにち『五輪書』の基本テキストとなっている。

正保二年の春に『五輪書』は完成した。武蔵の死去はほどなく、その年の五月十九日である。

死を悟った武蔵は、弱った身体を引きずって霊巌洞にふたたび赴き、そこで死を待とうとした。しかしさすがに、細川家はそんな場所でこの大剣豪を死なすわけにいかなかった。説得して居宅にもどし、十分な看病をした。そして武蔵は、わずかな弟子たちに看取られながら波乱の生涯を閉じたのである。享年六十二。

細川藩は、藩をあげて盛大な葬儀を執り行った。武蔵の遺体は、鎧兜《よろいかぶと》に身をかためて埋葬されたという。それが武蔵の遺言だったのだ。彼は自分の「死に装束」に、戦国の〝正規の武士〟の姿を望んだ。埋葬のとき、蒼天に雷鳴がとどろいたと伝えられている。

……さて、というわけで、『五輪書』は、武蔵が死の間際まで筆を執りつづけた執念の書である。それだけに、武蔵の情念が言葉をほとばしらせた、勢いのある魅力的な文章になっている。

『五輪書』の論理的な完成度は、全体としてはかなり高い。ただ、やはり勢いをもって書き上げたからか、論理の構成に綿密さが欠けている。たとえば、読者が矛盾のように感じがちの所でも説明がなおざりだったり、すでに次の説明に入っている所で急に思い出したように前の説明の補足をしたり……と、説明の流れが大雑把で、結構読みにくいのである。

じつは武蔵は、この『五輪書』の手直しを考えていたようだ。彼にとっては、この『五輪書』は改良前の未完成版だったのだ。もし彼が、十分に推敲して『五輪書』をリライトしていれば、おそらくもっと読み易く、分かり易い作品となっていたことだろう。

だが、時の流れは武蔵に、それを許さなかった。後世の我々にとっても、それは〝時の残酷な仕打ち〟だった。

したがって、『五輪書』はいかに現代語にうまく直したとしても、それが原典に忠実な直訳である限り、読み物としては、どうにも理解しづらい、疲れるものとなる。

これまで『五輪書』は、幾つも現代語訳が成されてきた。いずれも、それぞれの訳者の力作である。にも拘《かかわ》らず、『五輪書』が十分に現代読者に届いていない感があるのは、じつは訳者たちの〃原典を忠実に再現しようとする誠実さ〃が、かえってアダとなっているからのように、筆者には思える。

そこで、この文庫では『五輪書』のエッセンスをより分かり易く現代読者に伝えるため、大胆な解釈をほどこした。原文の流れをある程度無視して、分かり易く構成をし直し、原文で無駄と思える部分（不必要に重複している部分や本筋とは関係ないのにやたら長い説明となっている部分など）の訳はせず、一方で、あえて筆者による説明補足をかなり書き足した。そうすることによって本文庫を、『五輪書』の〃現代語訳とは呼べないが、その内容を確実に分かり易く現代読者に届ける読み物〃として、仕上げたつもりである。

要するに、気軽にスラスラ読んで『五輪書』の内容がアタマに入ってくる読み物を、目指したのである。その目的がどれほど達せられているかは読者のご判断に委ねるしかないけれど、とにかく筆者としては努力したつもりである。

本文庫の原文は、岩波書店刊『日本思想大系61　近世藝道論』（校注：渡辺一郎）を底本にした。また、岩波版は言うまでもなく、前述した細川家蔵『五輪書』を底本にしたものである。

もっとも、以上のような事情で本文庫では、読者に「原文もシッカリ読んでください」などと疲れることをお願いする気は、サラサラない。どうか、まずは筆者の書いた本文を、気軽に寝転がってでも読んでいただきたい。それだけで「なるほど、『五輪書』って、こんな内容なのか」とだいたい分かっていただけるのではないかと、筆者としては自惚《うぬぼ》れている次第である。

なお、本文庫の企画は、PHP研究所文庫出版部の山田雅庸氏が発案なさったものである。「『五輪書』を現代読者に分かり易く伝えたい」という氏の想いが、筆者に、このように『五輪書』を扱う勇気を与えて下さった。筆者としても、大好きな『五輪書』に対して〝自分の言葉で真っ正面から挑む〟チャンスを得られ、本文庫の執筆は大きな喜びであった。この場を借りて、山田氏に感謝の気持ちを申し述べます。

平成十四年初夏

長尾　剛

新釈「五輪書」目次

※本書の「五輪書」の原文は、岩波書店刊『日本思想大系61
近世藝道論』(校注:渡辺一郎)を底本にした。

『五輪書』序

兵法《へいほう》之道、二天一流《にてんいちりゅう》と号し、数年鍛練《たんれん》之事、初而書物《はじめてかきもの》に顕《あらわ》さんと思《おもい》、時《ときに》寛永二十年十月上旬の比《ころ》、九州肥後の地岩戸山《いわとのやま》に上り、天を拝し、観音を礼《らい》し、仏前にむかひ、生国播磨《しょうごくはりま》の武士新免武蔵守《しんめんむさしのかみ》藤原の玄信《げんしん》、年つもつて六十。我、若年のむかしより兵法の道に心をかけ、十三歳にして初而《はじめて》勝負をす。其あいて、新当流《しんとうりゅう》有馬喜兵衛と云《いう》兵法者に打勝《うちかち》、十六歳にして但馬国《たじまのくに》秋山と云強力《ごうりき》の兵法者に打勝《うちかつ》。廿一歳にして都へ上り、天下の兵法者にあひ、数度の勝負をけつすといへども、勝利を得ざるといふ事なし。其後国々所々に至り、諸流の兵法者に行合《ゆきあい》、六十余度迄勝負すといへども、一度も其利をうしなはず。其程、年十三より廿八九迄の事也。

我、三十を越へて跡をおもひみるに、兵法至極してかつにはあらず。をのづから道の器用有りて、天理をはなれざる故か。又は他流の兵法、不足なる所にや。其後なをもふかき道理を得んと、朝鍛夕練《ちょうたんせきれん》してみれば、をのづから兵法の道にあふ事、我五十歳の比《ころ》也。其より以来は、尋入《たずねいる》べき道なくして、光陰を送る。兵法の利にまかせて、諸芸諸能の道となせば、万事におゐて、我に師匠なし。今此書を作るといへども、仏法儒道の古語をもからず、軍記軍法の古きことをもちひず、此一流の見たて、実《まこと》の心を顕《あらわ》す事、天道と観世音を鏡として、十月十日之夜寅《とら》の一てんに、筆をとつて書初《かきそむ》るもの也。

『五輪書』のオープニングを飾るこの冒頭の文章は、武蔵がこの書を書き残そうとした動機・自己紹介、そして、兵法に対する自分の基本的な考え方つまり〝人生観〟を、述べている。

彼はまず、自分が開発した兵法を「二天一流」というネーミングで示し、これから述べる兵法はあくまでも俺のオリジナルなのだ、と主張している。その姿勢は徹底していて、自分は「万事において、我に師匠なし」だとスッパリ宣言している。

仏教や儒教の聖典、さらには、別の兵法書や様々な大名家で書かれた家訓書などからも、言葉をいっさい借りずに、すべて「俺自身の言葉」で述べる。それが『五輪書』だ——というのだ。

自分の意見を述べるのに、権威のある古典や宗教聖典の言葉を引用するのは、つまり、その権威に頼って〝自分の意見の説得力を増す〟手だてである。武蔵がわざわざ「俺はそんな方法を用いない。俺が述べるすべては、俺のオリジナルだ」と冒頭で力説したのは、それだけ自分の理論に〝誰をも納得させる自信〟があったからだろう。

そして、その自信はどこから来るかと言うと、「誰もが納得せざるを得ない合理性が、俺の論理にはある」ということなのである。そう。『五輪書』とは、武蔵が徹底して「勝負に勝つにはどうすべきか」の方法論を合理的に突き詰めた、リアリズムの書なのだ。

この書には、決して抽象的・観念的な議論や、超自然的・神秘的な説明は、ない。これがじつは、日本史上に数ある兵法書の中で『五輪書』が持つ際だった特長だ。

古典や聖典の権威に頼らない武蔵は、自分の兵法の〝説得材料〟として、自分の実績を示している。「これだけ勝ってきた俺が言うのだから、間違いない」というわけだ。

彼は十三歳で初めて勝負に勝ってから「廿八九迄」つまり三十代に入るまでに、六十回以上の勝負をして無敗だったと、語る。彼の戦歴は実際それだけなのだが、となると、この『五輪書』を書き記すのは「年つもつて六十」歳のときと述べているので、意外にも武蔵は、後半生の四十年間ほどは命がけの勝負をしていないことが、解る。

有名な佐々木小次郎との「巌流島の決闘」は、慶長十七年（一六一二）のことで、武蔵は二十九歳だった。つまり、これが武蔵にとって〝最後の勝負〟だったのだ。

もっとも武蔵の剣名は、小次郎と戦う前の若いうちから鳴り響いていて、この決闘以降、その名は揺るぎないものとなっていた。だから、三十代以降の彼に挑戦する命知らずな剣士はさすがにいなかったし、彼自身もわざわざ誰かに挑戦する必要がなかったのである。

それでも大名家などに請われての御前試合などは、晩年に幾度かやっており、その場合は無論、双方とも木刀か稽古用の槍などで戦った。寸止めで勝負を決するので、命を奪い合うことはない。いずれも武蔵の完勝だったことは言うまでもなく、武蔵の木刀が相手の眉間にピタリと止まって、相手が「参りました」と降参してきたわけだ。

とくに圧巻だったのが、寛永十七年（一六四〇）以降（武蔵五十七歳以降）に肥後熊本で行われた、細川藩士・塩田浜之助との試合である（それ以上正確な時期は、解らない）。武蔵は短い木刀、塩田は六尺八寸の棒で、明らかに武蔵が不利だったのだが、塩田は武蔵の気迫に圧されて、そのまま負けを認めてしまったのだ。武蔵の強さは、底知れなかったというわけだ。

ただし武蔵の剣歴は、初めから華麗な剣技による勝利だったわけではない。十三歳のときの戦いでは、力任せに相手に組み付いて投げ落とし、そこを六、七尺の棒で叩き殺したという。十六歳のときの戦いも力任せの撲殺であり、つまり若い頃の武蔵は、人並はずれたパワーで勝っていただけなのだ。

武蔵もその点は自覚しているからこそ、ここで「兵法至極してかつにはあらず」つまり、兵法を初めから極めていて勝ってきたわけではない、と告白している。

それでも一度も負けなかった事実には、きっと理由がある。一つ一つの戦いに、勝つべくして勝った「天理」つまり〝合理性〟があったか、相手に負けるべくして負けた〝欠陥〟があったか、そのどちらかのはずだ。そこで、それらをケースバイケースで分析していこうというのが、『五輪書』のテーマというわけだ。

なお、冒頭で武蔵は「天を拝し、観音を礼し、仏前にむかひ」と、ずいぶん信心めいた姿勢を示している。が、「神仏は礼して頼らず」というのが彼のポリシーで、この姿勢は武蔵の〝神仏頼み〟を表したものではない。

これは末尾にある「天道と観世音を鏡として」という言葉とつながっている。つまり「これから述べることは、神仏に誓って偽りではない」という、持論の正しさ、自分の正直さを宣言したものである。

その意味するところは「俺の論理には、誇張も偏見もないのだ」という、持論の〝客観的な正確さ〟に対する自信だろう。

武蔵の『五輪書』に込めた気概は、まさにここにある。

地《ち》之《の》巻《まき》

序

夫《それ》兵法と云事、武家の法なり。将たるものは、とりわき此法をおこなひ、卒たるものも、此道を知るべき事也。今世の中に、兵法の道慥《たしか》にわきまへたると云《いう》武士なし。先《まず》、道を顕《あらわ》して有《ある》は、仏法として人をたすくる道、又儒道として文の道を糺し、医者といひて諸病を治する道、或は歌道者とて和歌の道をおしへ、或は数寄《すき》者、弓法者、其外《そのほか》諸芸諸能までも、思ひ〳〵に稽古し、心〳〵にすくもの也。兵法の道にはすく人まれ也。先《まず》、武士は文武二道といひて、二つの道を嗜《たしなむ》事、是道也。縦《たとい》、此道ぶきようなりとも、武士たるものは、おのれ〳〵が分際《ぶんざい》程は、兵の法をばつとむべき事なり。大形《おおかた》武士の思ふ心をはかるに、武士は只《ただ》死ぬると云道を嗜《たしなむ》事と覚ゆるほどの儀也。死する道におゐては、武士斗《ばかり》にかぎらず、出家にても、女にても、百性已下《いか》に至る迄、義理をしり、恥をおもひ、死する所を思ひきる事は、其差別なきもの也。武士の兵法をおこなふ道は、何事におゐても人にすぐるゝ所を本《も》とゝし、或は一身の切合《きりあい》にかち、或は数人の戦《たたかい》に勝《かち》、主君の為、我身の為、名をあげ身をたてんと思ふ。

是、兵法の徳をもつてなり。又世の中に、兵法の道をならひても、実《まこと》の時の役にはたつまじきとおもふ心あるべし。其儀におゐては、何時にても、役にたつやうに稽古し、万事に至り、役にたつやうにおしゆる事、是兵法の実《まこと》の道也。

ここで武蔵は「兵法の道」の根本の意義について語っているが、兵法に対する世間一般のイメージを述べたあとで、それは誤りだと訂正している点が、面白い。武蔵の「本当の兵法を解っているのは俺ぐらいだ」といった自負が、読み取れるからだ。

武蔵は、言う。「今世の中に、兵法の道慥にわきまへたると云武士なし」と。

武蔵が『五輪書』を書き始めた寛永二十年(一六四三)、徳川幕府の全国支配はすでに磐石であり、太平の時代の武士たちは、すでにほとんどサラリーマン化していた。そうした一般的な武士たちをして、武蔵は「武士でありながら兵法を解っていない」と激しく憤っている。

僧侶には宗教の道、儒者(いわゆる学者)には思想学問の道、医師には医療技術の道、歌人には芸術の道……と、それぞれの地位、立場の者にはそれぞれに精進しなければならない道があり、それぞれの者が励んでいる。ただ武士だけが、歩むべき兵法の道を忘れている——と、武蔵は怒っているのだ。

では、武士が努めるべき兵法の道とは、何だろう。ここで武蔵は、世間には誤ったイメージが二つある、と指摘する。

まず第一が、「武士とは、ただ死の覚悟を持っていればよい」と世間では思いがちだが、これは大いに誤りだ、と言う。

ここで我々は、あの「武士道といふは、死ぬ事と見付けたり」のフレーズで有名な『葉隠』を、思い出すだろう。ただし『葉隠』は、『五輪書』成立よりあとの享保元年(一七一六)にまとめられた書だから、武蔵の念頭に『葉隠』があったわけではない。要するに、武士が死の覚悟だけをやたら美化する傾向は『葉隠』に限らず、江戸時代に一般的な風潮だった、ということである。

武蔵は、訴える。「死の覚悟」など僧侶でも女性でも、農民でも、いざとなればするものだ——と。もちろん誰でも出来るというものではない。だが、どんな身分であれ、それなりに人格がしっかりしている者ならば死の覚悟は出来る、というのだ。

したがって〝武士ならではの覚悟〟とは死ぬことではない。それは、どんな勝負でも必ず〝勝つ覚悟〟である。言ってしまえば、どんな手を使ってでも勝つ。

僧侶に「仏罰が当たりますぞ」と説教されようと、女に「酷い」と涙ながらに非難されようと、つまりは卑怯だろうが、汚かろうが、とにかく勝つことを最優先に考えるのが武士だと、武蔵は主張するのだ。

兵法とは、そのように「いつ如何なるときでも勝つ」ための心構えなのであり、ノウハウなのである。武士とは、それを修行して修めなければならない立場なのだと、武蔵は訴えている。

一対一の対決でも、集団の合戦のときでも、必ず勝つ。勝ってこそ、主君のためとなり自分のためとなる。つまり公的にも私的にも、勝負に勝たないことには、何も得られないのだ。

そこで第二の世間の思い違いが、「そんな『勝負に勝つ』ことだけを求める兵法の道なんて、こんにちの太平の時代では、修めても何の役にも立たないだろう」という考えだ。

確かに、太平の時代に「勝負に勝つためのノウハウ」なんて無用の長物ではないか。だが武蔵は、そうではない、と強調する。

「役に立つかどうかではない。どんなときでも役に〝立たせる〟のである」と。

つまり、武士は兵法を学ぶことによって「いつでも勝たねばならない」という気概を持てるようになる。その気概が人生のあらゆる場面で活躍を生む――と、武蔵は訴えている。それが「兵法の実の道」すなわち本当の意味なのだ、と。

武蔵は、もはや剣技そのものが世の中に役に立たないことは、解っていた。だが「剣技を磨き、剣の勝負に勝てるようにすることが、万事にメンタル面で役立つ」と説明をつけることで、『五輪書』に記した剣のノウハウを、意義あるものだと読者に納得させようとしている。

武蔵の主張にも一理はある。しかしこの主張には、それ以上に、自分の剣がもはや世間に不要となってしまった事実に対する〝武蔵の苛立ちや悲しみ〟が、感じられてしまう。

我々『五輪書』の読者は、武蔵のそんな憂いを理解してやり、『五輪書』から少しでも「剣の時代ではない時代にも役立つもの」を、読み取ってやるべきだろう。

兵法の道と云事――兵法の道とは、何か

一　兵法の道と云事

漢土和朝までも、此道をおこなふ者を、兵法の達者といひ伝へたり。武士として此法を学《まなば》ずと云事あるべからず。近代、兵法者と云て世を渡るもの、是は剣術一通《ひとつとおり》の事也。常陸国《ひたちのくに》かしまかんとりの社人共、明神の伝へとして流々をたて、国々を廻り、人につたゆる事、ちかき比《ころ》の義也。古《いに》しへより、十能七芸と有うちに、利方《りかた》と云て、芸にわたるといへども、利方と云出《いいいだ》すより、剣術一通にかぎるべからず。剣術一ぺんの利までにては、剣術もしりがたし。勿論、兵の法には叶《かなう》べからず。

世の中をみるに、諸芸をうり物にしたて、我身をうり物のやうに思ひ、諸道具につけても、うり物にこしらゆる心、花実の二つにして、花よりもみのすくなき所なり。とりわき此兵法の道に、色をかざり、花をさかせて、術とてらひ、或は一道場、或は二道場など云て、此道をおしへ、此道を習ひて、利を得んとおもふ事、誰か云《いう》、なまへいほう大疵《おおきず》のもと、まこと成《なる》べし。

凡《およそ》人の世を渡る事、士農工商とて四つの道也。一つには農の道。農人は色々の農具をまうけ、四季転変《しきてんぺん》の心得、いとまなくして春秋を送る事、是農の道也。二つにはあきないの道。酒を作るものは、それぐの道具をもとめ、其善《よし》悪《あし》の利を得て、とせいをおくる。いづれもあきないの道、其身〱のかせぎ、其利をもつて世をわたる也。是商の道。三つには士の〔道〕。武士におゐては、道さまぐ〱の兵具をこしらゑ、兵具しなぐ〱の徳をわきまへたらんこそ、武士の道なるべけれ。兵具をもたしなまず、其具々々《そのぐそのぐ》の利をも覚《さとら》ざる事、武家は少々たしなみのあさき物歟《か》。四つには工の道。大工の道におゐては、種々様々の道具をたくみこしらへ、其具々を能《よく》つかい覚《おぼえ》、すみがねをもつてそのさしづをたゞし、いとまもなくそのわざをして世を渡る。是士農工商、四つの道也。兵法を大工の道にたとへて云あらはす也。大工にたとゆる事、家と云事につけての儀也。公家武家四家《くげぶけしけ》、其家のやぶれ、家のつゞくと云事、其流其風其家などゝいへば、家と云より、大工の道にたとへたり。大工は大きにたくむと書《かく》なれば、兵法の道、大きなるたくみによつて、大工に云なぞらへて書顕《かきあらわ》す也。兵の法をまなばんとおもはゞ、此書を思案して、師ははり、弟子はいと、なつて、たへず稽古有《ある》べき事也。

中国でも日本でも古来より、兵法の道の意味を知り、その道を心底から志した者をこそ「兵法の達人」と呼んできた。しかし、こんにち自称「兵法者」の連中は、ただ上っ面、小手先だけの剣のテクニックを身につけて「我は兵法者なり」と威張っているに過ぎない偽物だ。

――と、こんなふうに武蔵は批判する。

最近は「常陸国、鹿島・香取神社」の神主などが「この剣法は神から授けられたものだ」などと恭しく宣伝して、広めようとしている。が、そんなものは、ごく最近にポッと出てきた、何の歴史も権威もない小手先だけのインチキ剣法である。

――と、武蔵の語気には、そんな容赦のない厳しい批判が感じられる。

ちなみに、この〝インチキ剣法者〟は、どうやら戦国時代に名を馳せた伝説の剣豪・塚原卜伝《ぼくでん》のことらしい。卜伝は、常陸鹿島祠官の次男で、塚原土佐守の養子となり、のちに剣豪となって下総香取で多くの門弟を育てた。室町幕府第十三代将軍・足利義輝の師でもあったと伝えられているほどだから、武蔵の言うような、まるっきりバカに出来る人物ではない。

だがリアリストの武蔵としては、腕前のほどはともかく、剣法を〝神がかり〟で売り物にしようとするやり方が、どうにも気に喰わなかったのだろう。「彼らは小手先の剣術だけだ。俺の兵法は『人生の勝負を極める』という、もっと深い

「意味があるのだ」と、武蔵は自分の兵法の奥深さを誇示しているのだ。

様々な技能を「十能」とか「七芸」とか、幾つかにタイプ分けして説明する場合があり、兵法はそのうち「利方」というタイプに分けられるという。「利方」とは文字どおり「利益になる方法」という意味だ。兵法は「実利につながる技能」なのだと、武蔵は明言している。

が、それは、ただ剣技が優れていれば事足りる、というわけでは決してない。兵法には、人心掌握術とか対人関係での心構えとか、様々に深い面がある。それらすべてを修めなければ兵法を身につけたとは言われず、本当の「利方」にもならないというわけである。

『五輪書』は、きわめて剣の技術論的な部分が大きい書だ。しかし、武蔵は「ただ機械的な技術だけでは、ダメなのだ」と、最初にクギを刺しているわけだ。

武蔵は、道具というものを重視する。良い仕事をし、良い成果をあげるには、良い道具を使わねばならない。世に「弘法筆を選ばず」と伝えられる。しかし武蔵に言わせれば「弘法こそ筆を選ぶ」といったところだろう。

武蔵は言う。道具とは、求められる機能がいかに発揮されるか、それが優劣のポイントである。不要の細工をほどこし、綺麗に飾りたてた道具は、いかにも

〝高価な売り物〟に見える。が、そんなものは無意味である。花と実のうち花ばかりがあるようなもので、肝心の実がない――と。

人の働きのうえで道具の大切さは、士農工商いずれの身分でも同じことだと、武蔵は説明する。農民は、田畑を効率よく耕せる農具を求めるし、商人は「酒屋ならば酒を造る道具」といったふうに、扱う商品に合った道具を使って商売をする。大工は、様々な工具をこしらえ、それを使いこなせるよう努力し、そして仕事を成し遂げる。

武士だって同じこと。武士にとっての道具とは「武器」である。様々な戦いの状況に合った様々な武器の機能を、理解し、使いこなせなければ一人前の武士ではない。

武蔵は前の章（地之巻の序）で、「勝負への心構えにおいて、武士は他の身分とは違う」と説明していた。その一方で「道具を使う心構えは、どんな身分や地位でも同じだ」と、ここで述べている。武蔵の武士としてのプライドが、それこそ〝実のない特権階級意識〟ではないリアリズムに支えられていることが、ここでよく解る。

そこで武蔵は、武士と道具の関係を「大工」にたとえて説明してみようと、試みる。

武家にも公家にも「家」の存続や隆盛は大切な問題である（本文で「四家」とあるのは、いわゆる「源平藤橘」の名門・四家のことと捉えても、よいだろう）。そして大工とは「家を建てる者」。だから両者を関連づけて説明すると、その意味するところがよく解るのだ。

――と、武蔵は、自らのたとえ話の妥当性をまず述べている。武蔵なりの面白い論理の工夫と、評せられるだろう。

兵法の道大工にたとへたる事――兵法の道を、大工仕事にたとえてみる

一　兵法の道大工にたとへたる事

大将は大工の統領《とうりよう》として、天下のかねをわきまへ、其国のかねを糺《ただ》し、其家のかねを知事《しる》、統領の道也。大工の統領は堂塔がらんのすみがねを覚《おぼえ》、くうでんろうかくのさしづを知り、人々をつかひ、家〳〵を取立《とりたつ》る事、大工の統領も武家の統領も同じ事也。家を立るに木くばりをする事、直《すぐ》にして節もなく、見

つきのよきをおもての柱とし、少《すこし》ふしありとも、直《すぐ》につよきをうらの柱とし、たとい少《すこし》よはくとも、ふしなき木のみざまよきをば、敷居鴨居戸障子と、それ〴〵につかひ、ふしありとも、ゆがみたりとも、つよき木をば、其家のつよみ〳〵を見わけて、よく吟味してつかふにおゐては、其家久敷《ひさしく》くづれがたし。又材木のうちにしても、ふしおほく、ゆがみてよわきをば、あししろともなし、後には薪ともなすべき也。統領におゐて大工をつかふ事、其上中下を知り、或はとこまはり、或《あるいは》戸障子、或《あるいは》敷居鴨居天井已下《いか》、それ〴〵につかひて、あしきにはねだをはらせ、猶悪きにはくさびをけづらせ、人をみわけてつかへば、其はか行《ゆき》て、手際よきもの也。果敢《はか》の行《ゆき》、手ぎわよきと云所、物毎《ものごと》をゆるさゞる事、たいゆう知《しる》事、気の上中下を知事、いさみを付ると云事、むたいを知《しる》と云事、かやうの事ども、統領の心持に有《ある》事也。兵法の利かくのごとし。

生涯仕官せず、孤高の剣豪の道を貫いた武蔵ではあった。が、その本心は、仕官して優れた大名に仕えたい。また、家臣を持って小なりといえども、将として働きたい。つまり「チームリーダーとなってみたい」といった夢を持っていた。

寛永十七年（一六四〇）に武蔵が書いた手紙には、こんな言葉が見える。「時により国の治様も御尋ねにおひては申し上ぐべくそうろう」(坂崎内膳宛て書状)。国の政治について私に教えを請いたければいつでもどうぞ、といった意味である。武蔵は、そういうことを考えている人だったのだ。彼は、宮仕えに大きな魅力を感じていた。

武蔵という人は、きわめて社会性の強い人だったのである。じつは彼は「自分一人が強くなれば、それでよい」といった個人主義者ではなかった。人が共生する社会の一員として、他人の役に立ちつつ生きたい――と、そんな気持ちを持っていた。彼の宮仕えへの憧れも、そうした純粋な社会性の表れだ。

この章と次の章では、そうした武蔵の考える「将卒の武士像」について説明している。「他人を使う武士」と「他人に使われる武士」の心構え。つまり〝社会を構成する武士の心構え〟である。

他人を使う武士すなわち「将たる武士」とは、大工の棟梁のようなものだと、武蔵は言う。将たる者は、大工の棟梁が建てる家の尺度をすべて心得ているように、天下国家の〝尺度〟を知らねばならないというのである。武蔵流の「リーダーの条件」というわけだ。

家を建てるとき大工の棟梁は、木材を適材適所に使うよう気を配る。

見かけの良い材木は、表の柱に。

少し節があってもまっすぐで強い材木は、裏の柱に。

頑丈さがなくても美しい材木は、鴨居や敷居の材料に。

見てくれが悪く頑丈なだけの材木は、家の強度の補強に。

……といった具合である。さらに、頑丈さも見てくれも悪い材木だって、使い道がないことはない。足場に使えるし、あとで薪になる。良い棟梁にかかれば、使えない材木などないはずだ、というわけである。

人を使うにも、適材適所の考慮が大切だ。腕前の上中下に合わせて仕事を与えてやれば、効率よく仕事は進む。腕前のまったくない者でも、根太（床下にわたす横木）を張らせるとか、くさびを削らせるとか、単純な作業を与えてやればよいのだ。要は、それぞれに合った仕事を与えることだ。

……と、ここまでのリーダー論は、こんにち的に見れば、ごく一般論に過ぎないだろう。だが、ここで「武蔵ならでは」とも言える特筆すべき点は、彼がこんなことをつけ加えているところだ。

棟梁たるもの「物毎をゆるさゞる事」。つまり、仕事場の気をゆるめないこと。「気の上中下を知事」。つまり、それぞれの能力だけでなく、やる気の度合も読み取ること。

「いさみを付ると云事」。つまり、仕事全体が勢いよく進むように配慮すること。

こうした行為も棟梁の使命である――と、武蔵は説いているのである。

仕事場の雰囲気、仕事をする者のメンタル面も、計算に入れて効率化を計るのが優れた大工の棟梁だ、と彼は訴えているのだ。人は機械ではないということを忘れるな、と武蔵は言いたいのだ。

そして、こうした心構えこそ兵法の道理である、と結論づける。兵法は〝社会の法〟にもつながるものである。

こんにち、コンピュータの発達が様々な仕事場から人間を追いやろうとしている。だが、社会とは人間が生きる場所のはずであり、コンピュータが主役となる場所ではない。社会や企業のあらゆる場にいる〝リーダーたち〟は、武蔵のこの言葉をよく噛みしめてほしいものだ。

兵法の道――一般の武士にとって、兵法とは

一　兵法の道

士卒《しそつ》たるものは大工にして、手づから其道具をとぎ、色々のせめ道具をこしらへ、大工の箱に入《いれ》て持《もち》、統領云付《いいつく》る所をうけ、柱がやうりやうをもてうのにてけづり、とこたなをもかんなにてけづり、すかし物ほり物をもして、よくかねを糺《ただ》し、すみ〴〵めんどう迄も手ぎわ能《よく》したつる所、大工の法也。大工のわざ、手にかけて能《よく》しおぼへ、すみがねをよくしれば、後は統領となる物也。大工のたしなみ、よくきる、道具を持、透々《ひまひま》にとぐ事肝要也。其道具をとつて、みづし、書棚、机卓、又はあんどん、まないた、鍋のふた迄も達者にする所、大工の専《せん》也。士卒たるもの、このごとく也。能々《よくよく》吟味有べし。大工のたしなみ、ひずまざる事、とめをあはする事、かんなにて能《よく》けづる事、すりみが、ざる事、後にひすかざる事、肝要なり。此道をまなばんとおもは〻、書顕《かきあらわ》す所のことぐ〳〵に心を入《いれ》て、よく吟味有べきもの也。

前の章に引き継ぐ形で、ここでは一般の武士、「士卒」の心構えを、大工にたとえて説いている。

大工の心構えとは、道具を常に研いでおくこと、道具を常に持ち歩いていること、棟梁の言いつけを守って正確な仕事をすること――と、武蔵はこのように書き並べる。

ここで興味深い点は、「自分にしか出来ない個性的な仕事をしろ」とか「他人より先んじて棟梁に認められろ」とか、そういったスタンドプレー的な活躍を、武蔵が奨励していないことだ。天下無双の剣豪が、個人の力量の発揮よりも、集団の中での着実な仕事を評価している。

確かに、集団の合戦の一員として戦うときは、まず「着実に自分の役割を果たす」ことが大切だ。それをおろそかにしてのスタンドプレーは、全体のバランスを崩し、リーダーの思惑を壊し、結局はチームの負けにつながってしまう。社会性を重んじる武蔵の一面がよく表れている提言である。

武蔵は、大工は「よくきる、道具を持、透々にとぐ事肝要也」と説く。暇を見つけては道具を磨け、とシツコいぐらい強調する。

道具は、いつでも最高のコンディションでなければならぬ。そのためには常日頃のメンテナンスが欠かせない。この考え方こそ、武蔵のリアリズム兵法における〝極意〟なのだ。

そして武蔵は、プロ（専）の大工はどんな小さな仕事でもしっかりやり遂げる、と述べる。立派な書棚から鍋の蓋まで、良い道具を使って手を抜かずに作り上げるのだ、と。詰まらぬ見栄や体裁から仕事を選んだり、小さな仕事だからといって手を抜いたり、そんな態度は武蔵は許さない。

こうした大工の心得が、兵法につながるというのだ。そして大工仕事には、材木の留め（角のつなぎ目）をピタリと合わせたり、かんなで綺麗に削ったり、あとでひずみが出ないように工夫したりと、様々なテクニックが必要となる。兵法もそれと同じで、様々な細かいテクニックを一つ一つ習得しなければならない。だからこの『五輪書』に書かれる一つ一つの具体的な内容を、読者はよく吟味しなければならない。

実際、『五輪書』における武蔵の教授は、じつに細かい。彼は意外なほど細やかな男なのだ。

此兵法の書五巻に仕立る事――『五輪書』全五巻の概観

一　此兵法の書五巻に仕立《したつ》る事

五つの道をわかち、一まき〳〵にして其利をしらしめんが為に、地水火風空《ちすいかふうくう》として五巻に書顕《かきあらわ》すなり。地《ち》の巻においては、兵法の道の大躰、我一流の見立、剣術一通《ひととおり》にしては、まことの道を得がたし。大きなる所よりちいさき所を知り、浅きより深きに至る。直《すぐ》なる道の地形《じぎょう》を引《ひき》ならすによつて、初《はじめ》を地《ち》の巻《まき》と名付《なづくる》也。第二、水《すい》の巻《まき》。水を本として、心を水になる也。水は方円のうつわものに随ひ、一てきと也《なり》、さうかいとなる。水に碧潭《へきたん》の色あり、きよき所をもちひて、一流のことを此巻に書顕す也。剣術一通の理、さだかに見わけ、一人の敵に自由に勝《かつ》時は、世界の人に皆勝《かつ》所也。人に勝と云心は千万の敵にも同意なり。将たるもの、兵法、ちいさきを大きになす事、尺のかたをもつて大仏をたつるに同じ。か様《よう》の義こまやかには書分《かきわけ》がたし。一をもつて万と知《しる》事、兵法の利也。一流の事、此水の巻に書しるす也。第三、火《か》の巻《まき》。此まきに戦ひの事を書記《かきしるす》也。火は大小となり、けやけき心なるによつて、合戦の事を書《かく》也。

合戦の道、一人と一人との戦ひも、万と万とのたゝかいも同じ道なり。心を大きなる事になし、心をちいさくなして、よく吟味して見るべし。大きなる所は見えやすし、ちいさき所は見えがたし。其子細、大人数の事は即座にもとをりがたし。一人の事は心一つにてかわる事はやきによつて、ちいさき所しる事得がたし。能《よく》吟味有べし。此火の巻の事、はやき間の事なるによつて、日々に手《て》馴《なれ》、常のごとくおもひ、心のかはらぬ所、兵法の肝要也。然るによつて、戦《たたかい》勝負の所を火の巻に書顕《かきあらわす》也。第四、風《ふう》の巻《まき》。此巻を風の巻としるす事、我一流の事にはあらず、世中《よのなか》の兵法、其流々の事を書のする所也。風と云におゐては、むかしの風、今の風、その家々の風など、あれば、世間の兵法、其流々のしわざを、さだかに書顕す、是風也。他の事をよく知《しら》ずしては、自《みずから》のわきまへ成がたし。道々事々をおこなふに、外道《げどう》と云心あり。日々に其道を勤ると云《いう》とも、心のそむけば、其身はよき道とおもふとも、直なる所より見れば、実《まこと》の道にはあらず。実の道を極めざれば、少《すこし》心のゆがみに付て、後には大きにゆがむもの也。吟味すべし。他の兵法、剣術ばかりと世に思ふ事、尤《もつとも》也。我兵法の利わざにおゐても、各別《かくべつ》の義也。世間の兵法をしらしめんために、風の巻として、他流の事を書顕す也。第五、空《くう》の巻《まき》。此巻空と書顕す事、空と云出《いいだ》すよりしては、何をか奥と云、何をか口といはん。道理を得ては道理をはなれ、兵法の道に、おのれと自由ありて、おのれと奇特を得、時にあいてはひやうしを知り、おのづから打《うち》、おのづからあたる、是みな空の道也。おのれと実《まこと》の道に入《いる》事を、空の巻にして書とゞむるもの也。

『五輪書』は全五巻に分かれ、順に「地・水・火・風・空」と武蔵は名付けた。
この五つの要素は、仏教で言うところの「五大元素」である。仏教では「世界はこの五つによって成り立っている」と教えているが、武蔵に、格別の仏教信仰心があるわけではない。わりとフィーリングの問題で、五元素それぞれのイメージと『五輪書』各巻のテーマを結びつけて、このネーミングを採用しているのだ。

第一巻「地之巻」は、兵法の全体像・武蔵の基本的な兵法観という、全巻通してのベースになる内容を述べている。学ぶとは「大き」「浅き」ところをまず心得て、それから「ちひさき」「深き」ところに至るのだ、と武蔵は説明する。その「大き」「浅き」内容を知るのが、この「地之巻」というわけだ。

基本を学ぶとは、たとえるなら「まず、まっすぐな道を、大地に固めること」である。したがって、この第一巻を「地之巻」と呼ぶ。

第二巻「水之巻」は、おもに剣技の様々な具体的解説である。これは、ケースバイケースに、かなり詳細な説明が並べられている。

これら剣技を習得するとは、水のようになることだ、と武蔵はたとえている。水は、四角い器に入れれば四角くなり、丸い器に入れれば丸くなる。わずか一滴の水もあれば、大海の水もある。まさに水は変幻自在。様々な剣のテクニックを細かく習得すれば、状況に応じて様々な戦い方が出来るようになり、どんな場合でも勝てるようになるというわけだ。それでこの巻は「水之巻」なのである。

武蔵は言う。「細かな知識をあなどってはならない」と。優れた武士とは、細かい一つの事柄から、全体像を判断できるものなのだ。それはちょうど、優れた大工がわずか一尺の原型から立派な大仏を建立するようなものだ。――と、なかなか含蓄のあるたとえである。

第三巻「火之巻」は、敵との駆け引きや戦局の読み方など、武蔵流の実戦のノウハウを伝授する内容だ。戦いとは常に変化するもので、それはちょうど燃え盛る火が大きくなったり小さくなったりするようなイメージである。だから、この巻を「火之巻」と名付けるわけだ。

ここで武蔵は「戦いとは、一対一の勝負でも、多人数同士の合戦でも、ノウハウは同じである」と説明し、だからこの巻の説明は、集団の合戦のノウハウにもつながる、と主張している。しかし武蔵に、実際に合戦で部隊を率いて戦ったという経験はない。彼は常に一対一の真剣勝負をしてきた。したがって、この巻で説かれる集団の合戦の方法論は、いささか観念的だ。この点は、致し方ない。

第四巻「風之巻」は、当時の他流派の兵法を、一つ一つ分析し、批判したものである。どんなジャンルでも、それぞれに独自の傾向や方法論を持つ流派を「○○風」と表す場合があるから、この巻を「風之巻」と呼ぶ。

リアリストの武蔵は「自分を相対化する」という姿勢を忘れない。自分の意見をやみくもに絶対視するのではなく、他者ときちんと比較したうえで、自分を「より良くする」ことを心がける。他を知らなければ己を知ることが出来ない。己を客観視する態度が、まず必要なのだ。

根本的に間違ったことを信念にしてしまった人間は、どれほど努力しようとも、真実正しい道からはドンドンずれていってしまう。客観的に物事を見る眼（「直なる所より見」る眼）を持てない人間の愚かさである。

武蔵は、他流派にはそんな愚かな部分を持つものが多い、とはっきり糾弾している。それは「自分の兵法は、十分に他流派と比較分析したうえで到達した、客観的にも十分に優れた兵法なのだ」との大きな自信があったればこそ、言える言葉だ。だからそれを証明するため、この「風之巻」をしたためたわけだ。

そして第五巻、最終巻が「空之巻」である。

「空之巻」は、ごくごく短い。いわば、武蔵の考える兵法の意義を、最後にまとめて述べたものである。

兵法をすべて会得した者にとっては、もはや兵法の基本も奥義も、理論ではない。様々な剣技も戦術のノウハウも、いちいちこだわって頭で考えなくなる。ごく自然な立ち居振る舞いが、おのずから兵法に見合った正しい行動となる。自然に戦い、自然に敵を倒す。それが兵法の究極である。

つまり兵法の会得者は〝自由自在な振る舞い〟になるというわけで、それで

「空」だというわけだ。

これは、技術論の否定などではもちろんない。優れた技術がごく自然に発揮される。もっと言うならば〝本能の動き〟のようになる。それが技術を本当に身につけたことになる。――といった武蔵の主張である。

兵法に限らず人間の技術とはどんなジャンルであれ、その域にまで達することが、究極の目標と言えるだろう。この理想は、誰の胸にも在りたいものだ。

此一流二刀と名付る事――我が兵法を「二刀流」とする理由

一　此一流二刀と名付《なづく》る事

二刀と云出《いいいだ》す所、武士は将卒ともにぢきに二刀を腰に付《つく》る役也。昔は太刀《たち》刀《かたな》と云《いい》、今は刀脇指《かたなわきざし》と云《いう》。武士たるもの、此両腰を持《もつ》事、こまかに書顕《かきあらわす》に及《およば》ず。我朝《わがちょう》におゐて、しるもしらぬも腰におぶ事、武士の道也。此二つの利をしらしめんために、二刀一流と云なり。鑓長刀《やりなぎなた》よりしては、外《と》の物《もの》と云て、武《いくさ》道具のうち也。一流の道、初心のものにおゐて、太刀刀両手に持て道を仕《し》習《なら》ふ事、実の所也。一命を捨る時は、道具を残さず役にたてたきもの也。道具を役にたてず、こしに納《おさめ》て死する事、本意《ほい》に有《ある》べからず。然れども、両手に物を持《もっ》事、左右共に自由には叶《かない》がたし。太刀を片手にてとりならはせんため也。鑓長刀大道具は是非に及《およば》ず、刀わき指におゐては、いづれも片手にて持《もつ》道具也。太刀を両手にて持てあしき事、馬上にてあし、、かけ走《はしる》時あし、。沼、ふけ、石原、さかしき道、人ごみにあし、。左に弓鑓を持、其外いづれの道具を持ても、みな片手にて太刀をつかふものなれば、両手にて太刀をかまゆる事、実《まこと》の道にあらず。若《もし》片手にて打ころしがたき時は、両手にても打とむべし。手間の入《いる》事にてもあるべからず。先《まず》片手にて太刀をふりならはせん為に、二刀として、太刀を片手にて振覚《ふりおぼゆ》る道也。人毎に初而《はじめて》とる時は、太刀おもくて振廻しがたき物なれども、万《よろず》初てとり付時は、弓もひきがたし、長刀も振がたし。いづれも其道具〳〵になれては、弓も力つよくなり、太刀もふりつけぬれば、道の力を得て振《ふり》よくなる也。太刀の道と云事、はやくふるにあらず、第二水の巻にてしるべし。太刀はひろき所にてふり、脇差はせばき所にてふる事、先《まず》道の本意也。此一流におゐて、長きにても勝ち、短きにても勝《かつ》。故によつて太刀の寸《すん》をさだめず、何《いずれ》にても勝《かつ》事を得る心、一流の道也。太刀一つ持たるよりも、二つ持てよき所、大勢を一人してたゝかふ時、又とり籠りものなどの時によき事有。かやうの儀、今委敷《くわしく》書顕《かきあらわ》すに及ばず、一をもつて万を知《しる》べし。兵法の道おこなひ得ては、一つも見へずと云事なし。能々《よくよく》吟味あるべき也。

武蔵は、自分の兵法である「二天一流」を「二刀流」とも名乗った。何故か。理由は単純だ。武士は刀を二本（刀と脇差し）携帯するのが、ふつうだからである。

二本持つからには、二本とも使う。持った道具は〝すべてを使う〟のが、武蔵のポリシーである。「一命を捨る時は、道具を残さず役にたてたきもの也」とは、じつに明快な言葉だ。その意志をはっきりと示すために「二刀流」と、彼は名乗った。何の飾りっ気もないシンプルな発想だ。武蔵らしい。

二本の刀を使う。これは、交互に使う場合もあれば、同時に使う場合もある。同時に使うとは、二本の刀を左右の手に一本ずつ持つということだ。つまり、刀を〝片手で使う〟のである。

しかし我が国の剣術では、刀は両手で持つスタイルが一般的だ。こんにちの剣道でも当然のように、そうなっている。

ところが武蔵は「それは誤った刀の使い方だ」と、断言してしまう。槍や長刀《なぎなた》などの大きな武器は両手で使わざるを得ない。だがこれらは例外的で、刀も脇差しも本来は片手で使うものだ、と武蔵は決めつける。

武蔵の二刀流では、初心者から、刀と脇差しを同時に片手ずつで持って、修行する。だがこれは、じつは「同時に二本の刀を使えるようにする」ことが目的ではないのだ。右手でも左手でも「片手で刀を使いこなせる腕前を身につける」ためなのである。つまり、戦場にあって片手で刀を使い、もう片方の手を空けておくようにするのが、目的なのだ。

武蔵は説く。馬上でも、走るときでも、両手がふさがっていては不便である。沼や泥田、石のゴツゴツした原っぱや人込みなど、容易に前に進めない場所で、刀を持ったがために両手がふさがっていたら、そこで起こり得る様々な障害やトラブルに対処できない、と。

なるほど、確かに「つまずいて転ぶ」などといったごく単純なトラブルにでさえ、片手が空いていなければ身体を支えることが出来ず、対処できない。武蔵の言うことはもっともだ。だから武蔵は、「刀は片手で持つのが正しい」と主張するのである。じつに実戦的な考え方だ。

さらに、刀を同時に二本持つことで有利となるケースもある。大勢の敵と一人で戦うとき、また、屋内などに立て籠った敵を襲って倒すときなどだ。確かに、いずれの状況でも、一本より二本という〝数の多い武器〟で対処したほうが有効だろう。

「刀を片手で使う技量は、このように様々な戦いのケースで有利になる」と、武蔵はじつに現実的判断で訴えている。だが現実問題、刀は重い。これを片手で使うことは容易ではない。

武蔵は言う。そのための修練ではないか、と。

刀に限ったことではない。弓でも長刀《なぎなた》でも、道具というものは初めて手にするときは、誰でも思うように使えない。しかし修練を重ねて慣れてくれば、必要なテクニックとパワーが身について、使えるようになる。それと同じことだ。「片手で刀を使う」ことも、何も超能力のような特殊な技術というわけではない。修練によって出来るようになるものなのだ、と。

さらに武蔵は、刀を使いこなすとは「速く振る」ということではない、と戒めている。

素早く刀を閃かせて振り回すのは、素人眼にはいかにも〝名剣士っぽい〟のだが、武蔵はそんなカッコつけは、まったく認めない。

そして、広い場所では刀を使い、狭い場所では短めの脇差しを使う。そのように状況に合わせて刀を使い分けることが、重要である。だから「二刀流」では「刀の長さを決める」などと形式にこだわる態度は一切ない、と言う。

要するに、武蔵の兵法には様式美など、カケラも要らないのである。求められるスタイルとは、効率よく相手を倒すためのスタイルだ。どこまでも実戦派なのである。

兵法二つの字の利を知事──「兵法」という二文字の意味は、太刀に込められている

一　兵法二つの字の利を知事《しる》

此道におゐて、太刀を振得たるものを、兵法者と世に云伝《いいつたえ》たり。武芸の道に至て、弓を能射《よくい》れば射手《いて》と云、鉄炮《てっぽう》を得たるものは鉄炮うちと云、鑓《やり》をつかひ得ては鑓つかひといひ、長刀《なぎなた》をおぼへては長刀つかひといふ。然《しかる》におゐては、太刀の道を覚へたるものを太刀つかひ、脇差《わきざし》つかひといはん事也。弓、鉄炮、

鐺、長刀、皆是武家の道具なれば、いづれも兵法の道也。然ども、太刀よりして兵法と云事、道理也。太刀の徳よりして世を納《おさめ》、身を納《おさむ》る事なれば、太刀は兵法のおこる所也。太刀の徳を得ては、一人して十人に勝《かつ》事也。一人にして十人に勝《かつ》なれば、百人して千人にかち、千人にして万人に勝つ。然《しかる》によつて、わが一流の兵法に、一人も万人もおなじ事にして、武士の法を残らず兵法と云所也。道におゐて、儒者、仏者、数寄《すき》者、しつけ者、乱舞者、此等の事は武士の道にはなし。其道にあらざるといふとも、道を広くしれば、物毎に出《いで》あふ事也。いづれも人間におゐて、我道〳〵をよくみがく事肝要也。

道具の価値を、あくまでも実践的な効果で判断するリアリストの武蔵ではあるが、やはり「太刀」というものには、一種の観念的な価値を認めている。

武蔵は読者に問う。弓を使えば「射手」、鉄砲を使えば「鉄砲うち」、槍を使えば「槍使い」、長刀《なぎなた》を使えば「長刀使い」と呼ぶ。では、なぜ太刀を使う者を「太刀使い」とは呼ばず、「兵法者」と、幅広い意味の呼び方で呼ぶのか？

武蔵の答はこうだ。それは、太刀を学び太刀を使うことは、「太刀の徳」によって社会を良く導き、自らの精神も磨くことに、つながるからだ——と。

このように刀に特別の精神的な意味を込めるのは、「武蔵らしくない」と批判する人もいるかも知れない。しかし、これは武蔵の個人的な人生観を超えた「武士の文化性」である。

どんなジャンルであれ、長い歴史を持てば特定の道具や素材にある種の霊的な価値を認め、そこからまた、その文化は、精神的に深みを増していく。だから武蔵の言う「太刀の徳」も、鎌倉時代以降江戸時代に至るまでに育まれた武士の文化を、武蔵なりに受け継いだ表れと見てやれば、よい。

この「太刀の徳」を会得した者は一人でも十人に勝つことが出来ると、武蔵は言う。となれば、十人で百人に勝て、百人で千人に勝て、千人で万人に勝てる。だから結局、相手の人数など問題ではなく、一人が相手のときも万人が相手のときも、我が兵法では心構えが変わることがないのだ、と。

この言葉はハッタリやコケ威《おど》しではなく、おそらく武蔵はかなり確信に満ちて述べているだろう。というのも、彼は慶長九年（一六〇四）、二十一歳の折にかなりの人数を相手に一人奮戦し、とにもかくにも生き延びているのである。

世に名高い「吉岡一門との戦い」だ。

ご存じのとおり、この決闘では大多数の吉岡一門に囲まれ、木の上からは鉄砲まで武蔵を狙っていたというのに、武蔵は何とか切り抜けているのである。現実には、まさか武蔵が吉岡一門一人残らず切り捨てたわけでもなかろうが（実際には歴史上、この決闘のあとも吉岡一門は存続している）、とにかく武蔵はそこから〝逃げ切った〟のだ。

武蔵にとってみれば、殺されなかったという事実だけで十分に、この戦いに「勝った」と言えただろう（筆者も、武蔵を取り逃がしたことで、この戦いは吉岡一門の負けだったと考える）。つまり、それだけの修羅場をかいくぐった実績のある武蔵なればこそ、「相手が一人でも万人でも、戦いの覚悟とは同じものだ」と言い切れるのだ。

要は、どれほど戦う相手が大人数であろうとも、どれほど眼の前に突きつけられた障害、難題が大きかろうとも、そこで臆したりあきらめたりしては、すべて終わりだということである。とにかく眼の前の敵の一人一人を、着実に倒していく。問題の一つ一つを解決していく。そうした心構えがあれば、どんな大きな相手でも何とか出来るはずだ、と武蔵は言いたいのである。

「我道〳〵をよくみがく事」とは、そうした心構え、精神を磨くことなのである。それこそが、どんなジャンルの道でも究極の目標であり、本当に役に立つものだと、武蔵は諭している。

兵法に武具の利を知と云事——様々な武器の長所・短所を知る

一 兵法に武具の利を知《しる》と云事

武道具《いくさ》の利をわきまゆるに、いづれの道具にても、おりにふれ、時にしたがい、出合《いであう》もの也。脇差《わきざし》は座のせばき所、敵の身ぎわへよりて其利おほし。太刀はいづれの所にても大形出合《おおかたいであいて》利あり。長刀《なぎなた》は戦場にては鑓《やり》におとる心あり。鑓は先手也、長刀は後手也。同じ位のまなびにしては、鑓は少つよし。鑓長刀も、事により、つまりたる所にては其利すくなし。取籠り者などにもしかるべからず。只《ただ》戦場の道具なるべし。合戦の場にしては肝要の道具也。され共《ども》、座敷にての利をおぼへ、こまやかに思ひ、実《まこと》の道を忘るゝにおゐては、出合《いであい》がたかるべし。弓は合戦の場にて、かけひきにも出合、鑓わき、其外《そのほか》物きわ〴〵にて、はやく取合《とりあわ》するものなれば、野相《のあい》の合戦などにとりわきよき物也。城せめなど、又敵相《てきあい》二十間をこへては不足なる物也。当世におゐては、弓は申《もうす》に及《およば》ず、諸芸花多くして実すくなし。さやうの芸能は、肝要の時、役に立がたし。其利多し。城郭の内にしては鉄炮《てつぽう》にしく事なし。野相《のあい》などにても、合戦のはじまらぬうちには、其利多し。戦《たたかい》はじまりては不足なるべし。弓の一つの徳は、放つ矢人の目に見えてよし。鉄炮の玉は目に見えざる所不足也。此義能々《よくよく》吟味有べき事。馬の事、つよくこたへてくせなき事肝要也。惣而《そうじて》武道具につけ、馬も大形《おおかた》にありき、刀脇差も大形にきれ、鑓長刀も大かたにとをり、弓鉄炮もつよく、そこねざるやうに有べし。道具以下にも、かたわけてすく事あるべからず。あまりたる事はたらぬと同じ事也。人まねをせず共《とも》、我身に随ひ、武道具は手にあふやうにあるべし。将卒共に物にすき、物をきらふ事悪《あし》し。工夫肝要也。

様々な武器の効用を知り、時と場合で使い分けろ、と武蔵は言う。それぞれの武器の特徴を、武蔵はこんなふうに書き並べる。

脇差し。場所の狭い所、敵に接近したときの武器として有効。

刀。どんな所でも、たいてい効力を発揮できるオールラウンドの武器。

長刀《なぎなた》と槍。どちらも大型武器だが、戦場では、槍のほうが先手を取れて、より有効。ただしどちらも、狭い場所では利点が少なく、立て籠った敵の取り抑えなどには、適当ではない。広い合戦場でこそ必要な武器である。

弓。合戦場で、軍勢全体の進退にも影響を与えられる武器。他の武器の別部隊と連動して敵を攻撃できるので、野戦では効果を発揮する。ただし、城攻めの場合、敵との距離が二十間（約三十六メートル）以上離れている場合は、届いても矢の威力は弱くなるので、効果は不十分。

鉄砲。城郭から敵を攻撃するのに、これに勝るものはない。野戦では、白兵戦が始まる前の前哨戦では利点の大きい武器。ただし白兵戦が始まってしまうと、それほど役立たない。鉄砲の弾丸は、軌道が眼で確認できない点が欠点である。その点、弓は軌道を眼で追っていける長所がある。

――と、このように述べている。武蔵は、関が原の合戦、大坂の陣、島原の乱など、幾つかの合戦に一兵卒として参戦していたという。そうした体験も踏まえたうえでの解釈だろう。戦国時代の武器の特徴がよく解る、まさに〝現場にいた者の声〟である。

また、武蔵は、いずれの武器も屋内ばかりで練習していては、実戦で役立つ技術は身につかない。そして馬でも武器でも大きく頑丈であればあるほど良い。

——とも述べている。これも、いかにも現場を知る者の声である。

そして、最後にこう諭す。

武器でも他の道具でも、好みが偏ってはいけない。「あまりたる事はたらぬと同じ事也」。一種類の武器ばかりを多く持ったとて、戦場では結局、他の武器が足らずに困ることになる。一つの武器にこだわらず、色々と工夫するべきだ。大切なことは、自分の身に応じ、自分の手に合った武器を持つことである——と。

感情的な好き嫌いよりも、使い勝手の良さで判断して道具を選べ。この教えは、どんなジャンルでも、仕事をする者の心構えとして重要なことだろう。

兵法の拍子の事——戦いのリズムについて。そして兵法の基本九箇条

一　兵法の拍子《ひょうし》の事

物毎に付、拍子は有《ある》物なれども、とりわき兵法の拍子、鍛練《たんれん》なくては及《および》がたき所也。世の中の拍子あらはれてある事、乱舞の道、れい人管絃の拍子など、是皆よくあふ所のろくなる拍子也。武芸の道にわたつて、弓を射《い》、鉄炮を放《はなち》、

馬にのる事迄も、拍子調子はあり。諸芸諸能に至ても、拍子をそむく事は有べからず。又空《くう》なる事におゐても拍子はあり。武士の身の上にして、奉公に、身をしあぐる拍子、しさぐる拍子、筈《はず》のあふ拍子、筈のちがふ拍子あり。或は商の道、分限《ぶげん》になる拍子、分限にてもそのたゆる拍子、道〳〵につけて拍子の相違有《ある》事也。物毎のさかゆる拍子、おとろふる拍子、能々《よくよく》分別すべし。兵法の拍子におゐて様々有《ある》事也。先《まず》あふ拍子をしつて、ちがふ拍子をわきまへ、大小遅速の拍子の中にも、あたる拍子をしり、間の拍子をしり、背《そむ》く拍子をしる事、兵法の専《せん》也。此そむく拍子わきまへ得ずしては、兵法たしかならざる事也。兵法の戦《たたかい》に、其敵〳〵の拍子をしり、敵のおもひよらざる拍子をもつて、空の拍子を智恵の拍子より発して勝《かつ》所也。いづれの巻にも、拍子の事を専書記《もつぱらかきしるす》也。其書付の吟味をして、能々《よくよく》鍛練有べき物也。

右一流の兵法の道、朝な〳〵夕な〳〵勤《つとめ》おこなふによつて、おのづから広き心になつて、多分一分の兵法として、世に伝ふる所、初而《はじめて》書顕す事、地水火風《ちすいかふう》空《くう》、是五巻也。我兵法を学ばんと思ふ人は、道をおこなふ法あり。

第一に、よこしまになき事をおもふ所

第二に、道の鍛練する所
第三に、諸芸にさはる所
第四に、諸職の道を知《しる》事
第五に、物毎の損徳をわきまゆる事
第六に、諸事目利《めきき》を仕覚《しおぼゆ》る事
第七に、目に見えぬ所をさとつてしる事
第八に、わづかなる事にも気を付る事
第九に、役にたゝぬ事をせざる事
大形如《かくのごとき》レ此理を心にかけて、兵法の道鍛練すべき也。此道に限て、直《すぐ》なる所を広く見たてざれば、兵法の達者とは成がたし。此法を学び得ては、一身にして二十三十の敵にもまくべき道にあらず。先《まず》気に兵法をたえさず、直なる道を勤ては、手にて打勝《うちかち》、目に見る事も人にかち、又鍛練をもつて惣躰《そうたい》自由なれば、身にても人にかち、又此道に馴たる心なれば、心をもつても人に勝、此所に至ては、いかにとして人にまくる道あらんや。又大きなる兵法にしては、善人《よきひと》を持《もつ》事にかち、人数をつかふ事にかち、身をたゞしくおこなふ道にかち、国を治《おさむ》る事にかち、民をやしなふ事にかち、世の例法をおこなひかち、いづれの道におゐても、人にまけざる所をしりて、身をたすけ、名をたすくる所、是兵法の道也。

正保二歳《ママ》五月十二日　　　新免《しんめん》武蔵《むさし》

寺尾《てらお》孫丞《まごのじょう》殿

寛文七年

二月五日　　　寺尾夢世勝延（花押）

山本源介殿

武蔵は、勝負に勝ちを収めるためのキーワードとして「拍子」という言葉を、用いている。これは、説明の状況によって微妙に意味を換えて使っているキーワードだが、だいたい「リズム・タイミング・ペース・チャンス・バイオリズム」といったような意味と解釈して、よいだろう。

この「拍子」の大切さがもっとも顕著に表れるジャンルは、能楽や管弦だという。つまりこの場合は、リズムのことである。

兵法においては、弓を射、鉄砲を撃ち、馬に乗るのに、リズムが重要だという。なるほど、言われてみればそうだろう。また、戦場に限らず、万事に効率よい仕事の動きとは、リズミカルなものだ。武蔵の説明は穿《うが》っている。

そして、戦場で敵と対したときには、敵のリズム（合う拍子）をつかみ、そのうえで相手と〝ずれたリズム〟（違う拍子）によって挑むことで、相手のリズムを崩す（背く拍子）のが、勝ちに結びつくという。この教えは、「リズム」を「ペース」という言葉に置き換えると、ビジネスの駆け引きなど様々な状況の戦いに生かせる説明でもあるだろう。

また「空なる事におゐても拍子はあり」と武蔵は述べている。「空の拍子」。つまり、はっきりと身体で感じられない拍子である。この「空の拍子」によって、人は栄達もすれば失脚もする。財を成すこともあれば、破産することもある。これすなわち、タイミングとかチャンスといった意味で、武蔵は述べているのだろう。

そうしたものを見分ける眼がなければ、人は成功しないというわけだ。そして、こうした「拍子」をつかむ技術は、鍛錬しなければ身につかないという。武蔵の兵法の極意は、様々な人生に応用が利く教えだ。

さて、この章をもって「地之巻」は終わる。巻末において武蔵は、「我が兵法を学ぼうとする者は、次の九箇条を心がけろ」と諭す。

第一、邪心を持たず、ひたすら実直・正直であること。
第二、道を厳しく鍛錬すること。
第三、刀を持つばかりでなく、広く他芸に触れること。
第四、広く他の職業を知ること。
第五、利害損得をわきまえること。
第六、本質を見据える眼力を養うこと。
第七、眼に見えない本当の意味というものを見抜き、悟ること。
第八、わずかなことにも細心の注意を払うこと。
第九、役に立たないことはしないこと。

――と、この九つの心がけを持ったうえで修行を積んでいけば、心身ともに〝他者に勝つ〟人間になれるというのである。

そして上に立つ者が、我が兵法を集団・社会に生かすならば、立派な者を部下に持ち、その部下たちをうまく使いこなし、リーダーとして自分自身も高められて、国が治まり、民を養い、秩序を保てるという。

武蔵は、こうした自分の兵法を「多分一分の兵法」と評する。多数にも一人にも共通した兵法。集団の合戦（社会生活）にあっても、一対一の個人戦（個人の人生）にあっても、同じように役立つ教えだと、自画自賛しているのだ。

そしておそらく、武蔵のこの自画自賛は、的ハズレなウヌボレではない。

確かに、表面的にはたいてい剣の技術論に過ぎないように見える『五輪書』も、深く読み込めば、それだけの教えを見出すことができる。

だがそれを読み取り、生かすのは、やはり読者次第である。しっかりと読み込んでいきたいものだ。

水《すい》之《の》巻《まき》

序

兵法二天一流《にてんいちりゅう》の心、水を本として、利方《りかた》の法をおこなふによつて水《すい》の巻《まき》として、一流の太刀筋、此書に書顕《かきあらわ》すもの也。此道いづれもこまやかに心の儘《まま》にはかきわけがたし。縦《たとい》ことば、つゞかざるといふとも、利はおのづからきこゆべし。此書にかきつけたる所、一こと〳〵、一字々々にて思案すべし。大形《おおかた》におもひては、道のちがふ事多かるべし。兵法の利におゐて、一人と一人との勝負のやうに書付たる所なりとも、万人と万人との合戦の利に心得、大きに見たつる所肝要也。此道にかぎつて、少《すこし》なり共《とも》、道を見ちがへ、道のまよひありては、悪道へ落るもの也。此書付ばかりを見て、兵法の道には及《およぶ》事にあらず。此書にかき付たるを、我身にとつて、書付を見るとおもはず、ならふとおもはず、にせ物にせずして、則《すなわち》我心より見出したる利にして、常に其身になつて、能々《よくよく》工夫すべし。

『五輪書』第二巻にあたる「水之巻」は、武蔵が数々の戦いから学び、会得してきた剣のテクニックを伝授している。

しかし武蔵はこの序文では、筆が少々弱気である。

「此道いづれもこまやかに心の儘にはかきわけがたし」

つまり「伝えたいことすべてを、細部にまで言葉で書き記すことは出来ない」と、先に告白をしてしまっている。初めから「どうせ不十分な文章しか書けないんだけれど……」と、言い訳の伏線を張っているのだ。

武蔵としては「様々なテクニックをはたして論理でどれほど表せられるのだろうか」と、書き始めの段階では、絶対の自信がなかったのだろう。

武蔵はそこで、読者の読解力、想像力に頼る。

「縦《たとい》ことば、つゞかざるといふとも、利はおのづからきこゆべし」。つまり「俺の言葉の表現は不十分になるかも知れないが、ジックリ読んでイメージを正しく膨らませてくれれば、おのずと俺の言いたいことは伝わるはずだ」と、なんとも他力本願の態度に居直っているのだ。

とは言え、武蔵のこの態度を「本の書き手として無責任だ」とか「自分の文章の未熟さを棚に上げている」とか揶揄するのは、簡単ではあるが正しくない。武蔵でなくとも、どんなジャンルであれ実践のテクニックというのは、理屈だけで説明して伝えきれるものではない。まさに「習うより慣れろ」の格言が示すとおりである。

むしろこの序文には、晩年に身体も思うように利かなくなった武蔵の「剣技は、言葉で伝えるより実践の手ほどきのほうが、どれだけよいか、知れきっている。しかし今の俺には、言葉で伝えるしか手だてがないのだ」といったもどかしさ、ジレンマが感じ取れる。武蔵の悲哀の言葉である。

さて、武蔵は、自らの剣技である「二天一流」を一言で表すのに、これは「水」の剣法だと、たとえる。

すでに「地之巻」でも述べていることだが、水はどんな器にも合わせて形を変える。つまりそれだけ、状況に合わせて臨機応変に対応できるのが二天一流だというわけだ。決して、様式美に凝り固まったような〝道場剣法〟ではないのである。

二天一流は、実践の技である。だから、その技を伝える本書に対して、読者は「見るとおもはず、ならふとおもはず、にせ（似せ）物にせず」の覚悟を持たなければならない、と武蔵は戒めている。

すなわち「ただ読むだけではいけない。ただ『教わるものだ』と思ってもいけない。ただ、書いてあるとおり真似をするだけでもいけない」というのだ。

では、どんな覚悟で臨めばよいのか。武蔵は、言う。書かれている内容を「我心より見出したる利」だと思えるぐらいになれ、と。すなわち他者から教わったのではなく、自分で発見した技だと思い込めるぐらいになれ、と。

技を完璧にマスターするとは、確かにそういうことだろう。自分で発見した技、すなわち〝自分にしか出来ない技〟である。そのレベルにまで達しなければならぬ、と武蔵は求めるのだ。

たとえ初めは他者の技だったとしても、それを学び習い、習得して、ついには教えてくれた師匠さえ陵駕する。というより、師匠にも真似のできない独自性を加えて、他の誰でもない自分のフィーリングやセンスにもっとも合った技に、それを仕上げる。そこまで到達すれば、それは「我心より見出したる利」である。

武蔵のこうした〝技術というものに対する認識〟は、まさに「名人の志」である。その志は、剣技に限ったものではない。あらゆるジャンルの道を極めようとする者に共通した認識だ。だから、この「水之巻」に込められた武蔵のメッセージは、我々読者の誰にも訴えるものが、きっと見出せる。

兵法心持の事――兵法を学ぶ者の基本の心構え

一　兵法心持の事

兵法の道におゐて、心の持《もち》やうは、常の心に替る事なかれ。常にも、兵法の時にも、少《すこし》もかはらずして、心を広く直《すぐ》にして、きつくひつぱらず、少もたるまず、心のかたよらぬやうに、心をまん中におきて、心を静《しずか》にゆるがせて、其ゆるぎのせつなも、ゆるぎやまぬやうに、能々吟味すべし。静《しずか》なる時も心は静かならず、何とはやき時も心は少《すこし》もはやからず、心は躰《たい》につれず、躰は心につれず、心に用心して、身には用心をせず、心のたらぬ事なくして、心を少もあまらせず、うへの心はよはくとも、そこの心をつよく、心を人に見わけられざるやうにして、少身なるものは心に大きなる事を残らずしり、大身なるものは心にちいさき事を能《よく》しりて、大身も小身も、心を直《すぐ》にして、我身のひいきをせざるやうに心をもつ事肝要也。心の内にごらず、広くして、ひろき所へ智恵を置べき也。智恵も心もひたとみがく事専《せん》也。智恵をとぎ、天下の利非をわきまへ、物毎の善悪をしり、よろづの芸能、其道〳〵をわたり、世間の人にすこしもだまされざるやうにして後、兵法の智恵となる心也。兵法の智恵におゐて、とりわきちがふ事有もの也。戦の場万事せはしき時なりとも、兵法の道理をきわめ、うごきなき心、能々吟味すべし。

さて、いよいよこの次の章から、剣のあらゆるテクニック論が展開されるわけだが、その前に、武蔵は「兵法を学ぶ者の心構え」を厳しく語っている。武蔵としては、上《うわ》っ面《つら》だけの機械的なテクニック伝授には、したくなかった。剣の腕を磨くことはすなわち精神修養に直接つながるのだと、どうしても強調しておきたかったのだ。ここでは「剣の修行においてフィジカル面とメンタル面をどのように関連づけるべきか」を、何度も重ねて説明している。

まずは「戦いの場にあって、心は平常心と変わらぬものでなければならぬ」と、説く。では、平常心とはどのような状態か。心をきつく引っ張らず、たるませもせず、偏らせないことだ、と言う。

緊張し過ぎてもいけない。だらけ油断しても、いけない。落ち着いた気分でいながら、周囲の変化に即座に対応できるだけの気配りを、自然に持ちつづけるということである。

武蔵の説明は、まるで弦楽器の弦にたとえたような言葉だ。このたとえは、仏教の開祖シャカが、修行時代に楽器を奏でる音楽家を見て心のあり方を悟ったと伝わる話に、通じるものがある。

はたして武蔵が、そのシャカの伝説を知っていたかどうかは、解らない。が、いずれにしろ武蔵の剣の哲学は、仏教の悟りに通じるところがあるようだ。

身体が止まっているときも、心まで立ち止まらせてはならない。身体を激しく動かしているときも、心まで荒ぶらせてはならない。つまり、心が身体の動きに引きずられることがあってはならない、ということである。

敵と刀を交えているとき「うへの心」つまり〃上側の表面的な気持ち〃は、眼の前の様々な敵の状況に合わせてアレコレと想いをめぐらし、忙しく色々と考えねばならない。だが、そんなときでも「そこの心」つまり〃底にある根本の心〃は、ドッシリと落ち着かせていなければならない。――と武蔵は諭す。

心には〃上と底〃の二つがあるというのだ。ここで武蔵の述べる「そこの心」とは「自分自身を常に冷静に見つめる眼」と、解釈できよう。すなわち、敵を眼の前に色々と考えをめぐらせる自分に対して「そんな自分は、本当に冷静で的確な判断が出来ているのか」と、まるで外側から観察するように分析する〃もう一つの自分〟である。こうした〝二つの自分〟を同時に成立させることが兵法には必要だと、武蔵は言いたいのだ。

そして、こうした〝客観的に観察する眼〟とは、自分だけではなく敵にも向けられなければならない。身体の小さな者は、大きな者の状態を読み取れ。身体の大きな者は、小さな者の状態を読み取れ。自分とまったく対照的な敵であっても、その敵の立場や心理を正確に判断できる眼力が必要である。

自分だけの主観的な判断で「自分がそうなのだから、別の者もそうだろう」などといったような思い込みをしてしまっては、決して勝負に勝てないのである。自分にとらわれてはならない。——と、これが武蔵の訴えだ。

そして、それだけの眼力、判断力を養うためには、まずは様々な知識を得て、世間一般の善悪の判断や、様々なジャンルの文化・芸術の良し悪しについてまで学ぶことだ——と、武蔵は教える。

真の兵法者とは、あらゆる勝負に勝つものである。そのためには「剣術バカ」になるな、ということだろう。人間の戦い、交わりには、幅広く深い心理の読み合い、駆け引きがある。剣術の専門技能しか持っていない剣術バカ、あるいは剣術ロボットのような者では、しょせんは他人に騙され、最後に勝利を収めることは出来ない。

騙されないだけの知恵を持つこと。幅広い知識を持つこと。兵法者の道は、まずはそこから始まる。——と、武蔵は語っている。

この教えは、兵法だけに限ったものではあるまい。

兵法の身なりの事——刀を構えたときの姿勢について

一 兵法の身なりの事

身のかゝり、顔はうつむかず、あをのかず、かたむかず、ひずまず、目をみださず、ひたいにしわをよせず、まゆあいにしわをよせて、目の玉うごかざるやうにして、またゝきをせぬやうにおもひて、目をすこしすくめるやうにして、うらやかに見ゆるかを、鼻すじ直《すぐ》にして、少《すこし》おとがいを出す心なり。くびはうしろのすじを直に、うなじに力をいれて、肩より惣身はひとしく覚へ、両のかたをさげ、脊《せ》すじをろくに、尻を出さず、ひざより足先まで力を入《いれ》て、腰のかゞまざるやうに腹をはり、くさびをしむるといひて、脇差《わきざし》のさやに腹をもたせて、帯のくつろがざるやうに、くさびをしむると云おしへあり。惣而《そうじて》兵法の身におゐて、常の身を兵法の身とし、兵法の身をつねの身とする事肝要也。能々吟味すべし。

「刀を構える」とは、刀を握る手だけの問題ではない。全身の姿勢の問題である――と、武蔵は説明する。

全身を、意識して正しい形に整える。このことは、あらゆるスポーツにも、いや、人が〝身体を使って成すあらゆる行動〟にも通じる真理である。

武蔵が説く「正しい刀の構え方」を列挙してみよう。

顔――うつむかず、仰向かず、曲げず。

眼――キョロキョロせず。額にしわを寄せず、眉の間にしわを寄せる心持ちで。瞬きをしないように心がける。ふだんより少し細目になるよう意識する。

顔つき――鼻筋をまっすぐにし、少し顎を出すような心持ちで。穏やかな顔を意識する。

後頭部――首が、筋にまっすぐになるよう保ち、うなじに力を入れる。

肩から背中――肩から全身へバランスよく体重がかかるようにする。両肩は下げて、背筋をまっすぐに保つ。

下半身――尻を突き出さない。膝から足先まで力を入れる。腹を張ることで、腰がかがまないように保つ。脇差しの鞘に腹がピッタリ付くようにして、帯が緩むのを防ぐ。この形を「くさびを締める」と表す。

以上、実際に意識してこのような姿勢をとってみると、明らかに安定感が感じられ、刀を振るという動きがじつに自然に、なめらかに出来ることを実感するはずである。

結局は「正しい姿勢」とは、目的の行動（兵法なら「刀を打つ」、マラソンなら「走る」、読書なら「身体に疲れを覚えさせず、文章に集中する」）がもっとも無理なくスムーズに進むための〝合理的な身体の形〟である。武蔵はじつに、人の身体の機能を把握した合理的な発想で、刀を構える姿勢を示していると言える。

また、「顔つきは『うらやかに見ゆるかを（穏やかそうに見える顔）』を心がけよ」とは、面白い指導だ。つまりは、顔つきへの意識から平常心を保つことにつながる、ということだろう。

スマイル顔になろうとすれば自然と、感情を高ぶらせカッカする気持ちにはならない、というわけだ。メンタル面とフィジカル面の連動である。この教えは、日常での他人との交渉事などにも生かせるものだろう。

兵法の目付と云事――戦いのときの眼について

一　兵法の目付《めつけ》と云事

目の付やうは、大きに広く付る目也。観見《かんけん》二つの事、観《かん》の目つよく、見《けん》の目よはく、遠き所を近く見、ちかき所を遠く見る事、兵法の専《せん》也。敵の太刀をしり、聊《いささかも》敵の太刀を見ずと云事、兵法の大事也。工夫有べし。此目付、ちいさき兵法にも、大きなる兵法にも、同じ事也。目の玉うごかずして、両わきを見る事肝要也。かやうの事、いそがしき時、俄にはわきまへがたし。此書付を覚へ、常住此目付になりて、何事にも目付のかわらざる所、能々吟味あるべきもの也。

戦いの眼配りについて武蔵は、「観る眼」と「見る眼」の二つがあると説明する。

「観る眼」とは、敵の本質を見極める眼のことであり、対して「見る眼」とは、敵の表面的な動きを追いかける眼だという。

戦いにおいてメインに働かせるべきは「観る眼」のほうで、つまり、敵の刀の動きに眼を奪われることなく、敵の動きから、敵の本質（能力や心理）を的確に読み取ることが、兵法における「観ること」だというわけだ。これは、一対一の対決においても、集団の合戦においても同じことだと、武蔵は述べている。

武蔵はまた、観ることとは、遠くの様子を的確に捉え、近くの様子から大局を捉えることだと、説明している。

人間、遠くの様子は、どうしてもいい加減に眺めてしまい、よく解らない点は「たいてい、こんなふうだろう」と適当に類推して済ましてしまう。逆に、近くの様子は、やたらと細かいところまで眼が届いてしまうので、全体像を把握するより、些細なチェックばかりに気持ちがとらわれてしまう。武蔵は、そうした人間の〝観ることにありがちなミス〟を注意しているのである。戦場でそんな見方をしてしまっては、敵の真の姿を捉えられず、負けにつながる――と。

この武蔵の指摘はあくまでも「実際に、眼球で物事（相手）を観る」というフィジカルな働きについて、述べたものだ。が、「物事の意味を理解する」というメンタルな働きについても通用する教えであろう。

「遠い・近い」という区別はもちろん、まずは距離の問題である。が、「遠い」とは、ずっと昔の祖先の歴史とか、あるいは遠い子孫の様子といった「時間の遠さ」を表す場合もあるし、「自分には縁遠い」という、思想や人生観の遠さを表す場合も、ある。そうした〝遠いモノたち〟について適当な類推で解った気になってしまうと、大きな誤解が生まれ、それが大きな不幸につながることも、あり得る。

たとえば、様々な環境破壊が遠い未来にどんな災厄をもたらすか、リアルに的確に捉える眼がなければ、我々は子孫たちを大きな不幸に陥れてしまうだろう。

武蔵の説明は、そんな問題まで提起しているように読み取れる。なかなかに奥深い。

また武蔵は、「戦場にあっては、眼を動かさずに両サイドを見られなければならない」とも指摘している。キョロキョロせずに、それでいて左右幅広い方向に意識を広げ、自分の周囲の敵の気配をすべて察しろ――というわけだ。

人間、戦いの場では緊張するものである。だが、その緊張感が眼の前の敵にだけ向けられて、周囲が見えなくなってしまってはダメなのだ。周囲すべてに向けられる緊張感でなければならない。この教えもまた、現代人の生きる姿勢のヒントにつながる。

それにしても、それだけの眼力が、そうそう簡単に身につくわけもない。だから武蔵は、「常住此目付になりて」いなければならぬ、つまり「ふだんから、そんな眼でいようと意識していなければならぬ」と、教える。日々これ修行なのである。

太刀の持やうの事——刀の持ち方

一　太刀の持やうの事

太刀のとりやうは、大指ひとさしを浮《うく》る心にもち、たけ高指しめずゆるまず、くすしゆび小指をしむる心にして持《もつ》也。手の内にはくつろぎのある事悪《あし》し。敵をきるものなりとおもひて、太刀をとるべし。敵をきる時も、手のうちにかわりなく、手のすくまざるやうに持べし。もし敵の太刀をはる事、うくる事、あたる事、おさゆる事ありとも、大ゆびひとさしゆびばかりを、少《すこし》替る心にして、とにも角にも、きるとおもひて、太刀をとるべし。ためしものなどきる時の手の内も、兵法にしてきる時の手のうちも、人をきると云手の内に替る事なし。惣而《そうじて》、太刀にても、手にても、いつくとゆふ事をきらふ。いつくは、しぬる手也。いつかざるは、いきる手也。能々心得べきもの也。

刀は、どのようにして持つか。武蔵の説明の根本は「ガッチリ握ったりするな」ということである。

武蔵はまず、五本の指それぞれを刀の柄にどのように当てるかを、細かく説明する。

親指と人差し指は、浮かすような心持ちで。中指は〝締めず・緩めず〟の、ちょうどいい力加減で。薬指と小指は、締める感じで。

——と、これが武蔵の説明である。

要するに、柄の下のほうを支点として、刀が〝手の中で容易に動ける〟ような持ち方である。五本指すべてに渾身の力を込めてガッチリ握ったのでは、かえって刀は自由に動かない。武蔵は言う。「敵をきるものなりとおもひて、太刀をとるべし」と。刀は、握ったまま固定するものではない。常に「敵を斬る動き」をするために持つ。出来る限り動きがスムーズになるよう、手の中に余裕がなければならないわけだ。

敵に向かって刀を打つ。敵が打ってきた刀を受ける、あるいは押さえる。戦いの様々な刀の動作も、武蔵の言うとおりに刀を握っていれば、親指と人差し指の調子を少し変えるだけで、無駄なく力が込められ、あるいは敵の力をスムーズに受け流し、戦っていける。じつに合理的なテクニック論である。

武蔵は、戦いに必要な動作とは「いつくとゆふ事をきらふ」のだと、説明する。「いつく（居着く）」すなわち「ガッチリと固まってしまう」ということ。戦いとは、そんな状態を嫌うものなのである。

「居着く」は「死ぬる手」、「居着かざる」は「生きる手」である。常に容易に動ける状態にしておくことが、生き延びることにつながるというわけだ。

この教えもまた、剣のテクニック論でありながら、それを超えて、現代人の心構えに通じるものを、含んでいる。二十一世紀に入っていよいよ、戦後日本の社会構造の硬直化が色々なところできしみを生じさせている。精神的にも能力的にも、臨機応変に変化できる余裕を常に身につけておくことが、これからどう変わるか解らない世の中で生き延びるための基本の心構えであろう。

足つかひの事――足の運び方

一　足つかひの事

足のはこびやうの事、つまさきを少《すこし》うけて、きびすをつよく踏《ふむ》べし。足つかいは、ことによりて大小遅速はありとも、常にあゆむがごとし。足に飛足《とびあし》、浮足《うきあし》、ふみすゆる足とて、是三つ、きらふ足也。此道の大事にいはく、陰陽の足と云、是肝心也。陰陽の足とは、片足ばかりうごかさぬもの也。きる時、引《ひく》時、うくる時迄も、陰陽とて、右ひだり〳〵と踏《ふむ》足也。返々《かえすがえす》、片足ふむ事有べからず。能々吟味すべきもの也。

刀を握ったときの足の運び方についての解説である。

武蔵の説明によれば、爪先のほうを少し浮かして、かかとのほうに「つよく」体重をかける感じで立つのだと、いう。つまり、前かがみになるのではなく、どちらかと言えば、体重を後ろへわずかにかけるような心持ちである。こうすると確かに、「兵法の身なりの事」で述べていた「尻を出さずに腹を出す姿勢」に、自然とつながる。

そして武蔵は、戦いのときの足運びは「常に歩むがごと」きもので、特別に変わったものではないと説明する。ピョンピョンと飛び上がる足どり、身体をフワフワと浮き上がらせるような足どり、また、それらとは逆に、ウンと固く踏んばった足どりは、三つともダメな足どりだと否定する。

素人判断だと、飛び跳ねたり身体を上下に動かしたりするのは、ある意味でリズムをとっているわけだから、武蔵が重視する「拍子」を生かしているようにも、思える。が、そうした不自然なリズムのとり方は、やはりダメなのだ。兵法のリズム「拍子」とは、あくまでも〝人間の自然な動き〟に合ったものでなければならない、というわけなのだろう。

自然な動きである以上は、足は常に左右両方が連動していなければならない。斬るとき、引くとき、受けるとき、敵と刀を交えるどのような動きでも、足は「右ひだり右ひだり」と動かす。

これを武蔵は「陰陽の足」などと大層な呼び名で表しているが、何のことはない、要するに、両足を使ってごく自然に身体の位置を動かせ、と教えているのである。

だが実際、敵と刀を交えるような極端な緊張状態の中では、そうした自然な動きは、なかなか出来ないものである。それが解っているからこそ、武蔵はわざわざ「能々吟味すべきもの也」と、くどいくらい注意を与えているのだ。

五方の構の事――刀の構え方、五つのパターン

一　五方《ごほう》の構《かまえ》の事

五方のかまへは、上段、中段、下段、右のわきにかまゆる事、左のわきにかまゆる事、是五方也。構《かまえ》五つにわかつといへども、皆人をきらん為也。構五つより外はなし。いづれのかまへなりとも、かまゆるとおもはず、きる事なりとおもふべし。構の大小はことにより利にしたがふべし。上中下は躰《たい》の構也。両わきはゆふの構也。右ひだりの構、うへのつまりて、わき一方つまりたる所などにての構也。右ひだりは所によりて分別あり。此道の大事にいはく、構のきわまりは中段と心得べし。中段、構の本意也。兵法大きにして見よ。中段は大将の座也、大将につき、あと四段の構也。能々吟味すべし。

いよいよ刀の構え方について、具体的な説明に入る。

武蔵は、刀の構え方を五つに区別する。そして、その五つを、三つと二つに分類して示す。

一つの種類は、正面に構える型である。これは、上段・中段・下段の三つがある。

もう一つの種類は、サイドに構える型である。これは当然、右の構えと左の構えの二つになる。

ただし、正面に構えるパターンがあくまでも基本となる「体の構」であり、サイドに構えるのは「遊の構」すなわち応用篇となる。

サイドに構える型は、戦場で上のほうがつかえて、刀を上に振りにくい状況などで用いる。また、左右どちらかが詰まっていれば、空いているほうに構えればよいし、スペースの空き具合によっては、大きく構える場合も小さく構える場合もある。要するに地形や状況によって臨機応変に構えるのが、サイドの構えというわけだ。実戦を合理的に捉える武蔵らしい指摘だろう。

また、構えの型を学ぶにあたって、もっとも大切な心がけとは何か。それは、どの型も〝敵を斬るため〟にある、だから「かまゆるとおもはず、きる事なりとおもふべし」ということである――と、武蔵は力説する。

構えの修行とは、型を正しくマスターすること自体が目的なのではない。覚えた型を有効に生かして的確に敵を斬り倒すことが、目的なのだ。要するに、武蔵が求めるのは「練習のための練習ではない、実戦のための練習」である。この心構えは、こんにちの様々なジャンルにも共通して必要なものだろう。

基本となる三つの構えの中でも、その基本中の基本が、中段の構えだ。

中段は、構えの「本意」であり、軍勢にたとえるなら「大将」なのだと、武蔵は述べている。大将の意思がまずあって軍勢が動くように、あとの四つの構えは「まず中段ありき」で、中段を根本にしつつ発展的に生まれたものというわけだ。

何事にも基本を理解し、把握することから始めるのは大切である。武蔵の説明の手順は、この点においても解り易い。

太刀の道と云事——刀の動きの軌道について

一　太刀の道と云事

太刀の道を知《しる》と云は、常に我《わが》さす刀をゆび二つにてふる時も、道すじ能《よく》しりては自由にふるもの也。太刀をはやく振《ふら》んとするによつて、太刀の道さかいてふりがたし。太刀はふりよき程に静《しずか》にふる心也。或《あるいは》扇、或《あるいは》小刀《こがたな》などつかふやうに、はやくふらんとおもふによつて、太刀の道ちかいてふりがたし。それは小刀きざみといひて、太刀にては人のきれざるもの也。太刀を打さげては、あげよき道へあげ、横にふりては、よこにもどりよき道へもどし、いかにも大きにひぢをのべて、つよくふる事、是《これ》太刀の道也。我兵法の五つのおもてをつかひ覚《おぼゆ》れば、太刀の道定《さだま》りて、ふりよき所也。能々鍛練すべし。

「太刀の道」とは、刀を振る、あるいは斬るという動きの〝流れ・軌道〟のことだ。戦いのとき、自らが動かす刀は、どのようなラインを描いて動いていけば良いのか、武蔵は、ある種の「法則性」を見出している。

その法則性をわきまえていれば、たとえ小指と薬指二本の指のわずかなパワーだけで刀を振るとしても、刀は十分に振れるという。

刀を振り下げたら、自然に上げ易いほうに振り上げる。横に振ったら、横に戻す。武蔵の説く「刀の軌道」は、スーッと行って戻る自然な流れというものを、求めている。

そして、どんな動きの場合でも「大きく肘を伸ばして、強く振れ」と武蔵は教える。自然な流れを支えるのは、やはり腕の筋力であり、それ相当の修行が必要というわけだ。

何しろ刀は重い。ビュンビュンと振り回せる扇や小刀とは、重量が違う。だから武蔵は、どれほど筋力があろうとも「刀を速く振ろうとすれば、正しい軌道を誤り、かえって振れなくなるものだ」と、説明する。無理に素早く振った挙げ句にバランスを崩す刀の振り方は「小刀きざみ」と呼び、これは大きな誤りである。むしろ静かに、穏やかな流れで刀を振るよう心がけるべきなのだ――と。

人間のパワーの限界というものを、よくわきまえた教えだろう。じつに現実的である。

この武蔵の「太刀の道」論は、何やら舞踊にも通じるイメージがある。なめらかな自然な動きというものは、機能的であり、かつ美しいものである。

五つのおもての次第、第一の事――構え・その一、中段

一　五つのおもての次第、第一の事
第一の構《かまえ》、中段。太刀さきを敵の顔へ付て、敵に行相時《ゆきあう》、敵太刀打かくる時、右へ太刀をはづして乗り、又敵打かくる時、きつさきがへしにて打、うちおとしたる太刀、其儘置《そのままおき》、又敵の打かくる時、下より敵の手はる、是第一也。惣別《そうべつ》、此五つのおもて、書付るばかりにては、合点成がたし。五つのおもてのぶんは、手にとつて、太刀の道稽古する所也。此五つの太刀筋にて、我太刀の道をもしり、いかやうにも敵の打《うつ》太刀しるる所也。是二刀《この》の太刀の構、五つより外にあらずとしらする所也。鍛練すべきなり。

武蔵はこの章より順に、五つの構えの正しい動きについて説明していく。まずは、中段である。

中段の構えとは、刀の切っ先を敵の顔面に向けて構えることだという。そのうえで、こちらから仕掛ける場合はまっすぐに敵に向かっていけば、良い。武蔵が説明するのは、敵が仕掛けてきた場合の、中段での対処法である。

敵の打ち掛かってきた刀を受けたなら、その瞬間に敵の刀を右へ外して、そのまま押さえつける。これが一つの対処法だ。敵の刀を、左から右へグッと渾身込めて押さえるわけである。パワーとタイミングが命の動きだ。

また、敵が刀を構えて近づいてくる場合は、切っ先を返して敵の刀を打ち下ろす。さらに敵の動きが止まらねば、打ち下ろした刀を返して、下から一気に敵の手を叩く。この二つめの対処法は、二段構えの動きである。これには、リスト（手首）の力が相当必要だろう。

これをして、「第一」の構え・中段の教えだ、と武蔵は説く。いずれの動きも、イメージすると互いの刀がぶつかり合う「キンッ！」といった硬い衝撃の金属音が聞こえるようだ。

だが、構えの教えは、書かれた説明を読んだだけでは「合点成がたし」、すなわち理解し切れるものではない、と武蔵はクギを刺している。実際に鍛錬をして身体で覚えなければ、身につかない――と。

それでも鍛錬が進み、五つの構えをマスター出来たときは、自分の「太刀の道」が完璧に解るばかりか、敵の「太刀の道」すなわち敵の刀の動きまで、読み取れるようになるという。

そして「二天一流には五つの構えしかない。それだけをしっかり鍛錬しろ」と、武蔵は訴えている。まさにシンプル・イズ・ベスト。武蔵の教えは、明快だ。

おもての第二の次第の事——構え・その二、上段

一 おもての第二の次第の事
第二の太刀、上段に構《かまえ》、敵打かくる所、一度に敵を打《うつ》也。敵をうちはづしたる太刀、其儘おきて、又敵のうつ所を、下よりすくひ上《あげ》てうつ。今一つ打《うつ》も同じ事也。此おもての内におゐては、様々の心持、色々の拍子、此おもてのうちをもつて、一流の鍛練をすれば、五つの太刀の道こまやかにしつて、いかやうにも勝《かつ》所あり。稽古すべき也。

第二の構え、上段についての解説である。

上段の構えは、初めから刀を上に構えているのであるから、あとはそのまま重力に任せて振り下ろせば、よい。この構えをしたら敵が打ち掛けてきたところを一気に振り下ろせと、武蔵はまず単純な説明を示す。

だが、このとき斬り外したら、どうするか。

あわてて構え直したりせず、刀を下にしたままで次に敵が打ち掛けてきたとき、すくい上げて敵を斬る。要するに「上げて下げる」といった二度手間をかけるな、スピーディーにワン・テンポの動きで効率よく刀を動かせ、ということだ。この連動した動きは、もう一度繰り返される場合も同じようにする。

武蔵によれば、上段の構えによる戦いとはケースバイケースで、その場での感触やリズムが違ってくるという。だから、上段の構えで戦いつづけて数多く経験を積むと、様々な戦いのバリエーションの感触がつかめる。すると、上段だけでなく五つの構え全般にわたっての理解も増す。となれば、どんな状況でも勝利に結びつくというわけだ。

確かに、何事も様々なバリエーションを知るには、場数を踏まなければならない。数をこなすことが大切というわけである。

おもて第三の次第の事――構え・その三、下段

一 おもて第三の次第の事

第三の構《かまえ》、下段に持《もち》、ひっさげたる心にして、敵の打かくる所を、下より手をはる也。手をはる所を、亦敵はる太刀を打おとさんとする所を、こす拍子にて、敵打たるあと、二のうでを横にきる心也。下段にて敵の打《うつ》所を一度に打とむる事也。下段の構、道をはこぶに、はやき時も遅き時も、出合《いであう》もの也。太刀をとって鍛練あるべき也。

下段の構えによって、打ってくる敵を倒す方法の解説である。

下段で構える場合は、ダラリと重力に任せて刀を下げるのではなく、自ら力を入れて下方に刀を〝引き下げる意識〟を持たなければならないと、武蔵は説明する。

下段の構えでは、下から上へ刀を動かすわけだから、確かに上段よりも力を込めなければならない。腕をダラリと下げているように見えても、そのじつは、腕の筋肉をしっかりと緊張させていなければならない、というわけだ。

敵が打ち込んでくる。そこを下から、敵の手をめがけて打ち上げる。敵がまた打ってくる。今度は敵が、こちらの刀を打ち落とそうと、力を入れてくる。それを下から起こすようにして打ち上げ、そのまま敵の二の腕（肩と肘のあいだ）を横に斬るのである。

この連動した動きが、下段の構えから一気に敵を倒すポイントだ——と武蔵は述べる。かなりのパワーを要する動きである。

下段の構えは、兵法の訓練では、初心の頃にも熟練してからも経験するべきものだという。基本テクニックにして奥が深いと、いうわけだろう。そうしたタイプのテクニックは、どんなジャンルにも在るものである。

おもて第四の次第の事——構え・その四、左横の構え

一　おもて第四の次第の事
第四の構《かまえ》、左の脇に横にかまへて、敵の打かくる手を下よりはるべし。下よりはるを、敵打おとさんとするを、手をはる心にて、其儘《そのまま》太刀の道をうけ、我肩のうへ、すぢかいにきるべし。是《これ》太刀の道也。又敵のうちかくる時も、太刀の道を受て勝《かつ》道也。能々吟味あるべし。

ここでは、左サイドに構える場合の動きについて述べている。
左の脇に、刀を横に構える。敵が打ち込んできたら、こちらは、敵の手を下から打つようにする。さらに、敵がこちらの刀を打ち落とそうと来るところを、うまくタイミングを合わせて、自分の肩の上のほうへ向けて筋交いに、ズバッと斬るのである。

つまりサイドに構えると言っても、心持ち下から上への軌道になるわけだ。野球の投球フォームで、サイド・スローとアンダー・スローが微妙に似ているよう

なものだろう。

敵の「太刀の道」を知ることが「勝道」だと、ここで武蔵は強調している。敵を斬るとは、一方的にこちらのアクションだけで成されることではなく、敵の刀の軌道に合わせたリアクションによって成されるというわけである。

敵も我と同じくこちらを斬ろうとしている。当たり前だが、意外と忘れがちなことだ。どんな勝負にあっても言える真理だろう。

おもて第五の次第の事——構え・その五、右横の構え

一　おもて第五の次第の事
第五の次第、太刀の構《かまえ》、我《わが》右の脇に横にかまへて、敵打かくる所のくらいをうけ、我太刀下のよこよりすぢかへて、上段にふりあげ、うへより直《すぐ》にきるべし。是も太刀の道、能《よく》しらんため也。此おもてにてふりつけぬれば、おもき太刀自由にふらるゝ所也。此五つのおもてにおゐて、こまかに書付る事にあらず。我家の一通《ひととおり》太刀の道をしり、亦大形《おおかた》拍子をも覚へ、敵の太刀を見わくる

事、先此五《まず》つにて、不断手をからす所也。敵とたゝかいのうちにも、此太刀筋をからして、敵の心を受、色々の拍子にて、いかやうにも勝所《かつ》也。能々分別すべし。


いよいよ五つめの構え、右サイドからの構えである。

この場合、刀を右脇に横へ構えて、敵が打ち掛けてくるのに応じて、こちらは下横から筋交いに上段へと振り上げ、そこから一気に、垂直に振り下ろして敵を斬る。

横から上へと振り上げるということは、刀の軌道が斜め上に進むわけで、そこから垂直に振り下ろすのだから、つまり刀の軌道は、垂直三角形の辺をなぞるように動くわけだ。これは、下から上へと振り上げ、さらに振り下げる〝直線の行き戻り〟の動きよりテクニックが必要だろう。

だから武蔵は、この構えの修練は「太刀の道」がよく会得できるもので、このテクニックを身につければ、重たい刀を自由に使いこなせるようになる——とまで述べている。構えの高等テクニックなのである。

……と、五つの構えの説明は、ここまでである。ここまで書いたうえで「こまかに書付る事にあらず」、これ以上はクドクドと細かい説明はしないと、武蔵は述べている。

言葉でこれ以上の説明は無意味だ。これまでの短い説明を一通り頭に入れたら、あとは実際に身体で覚えるように、ふだんの修練を重ねろ——と。

武蔵らしい教え方だ。もったいぶって、こねくり回した理屈でシロウトをケムに巻く、などということは、武蔵は絶対にやらない。

修練を重ね、五つの構えに慣れてくれば、いかなる戦いでも敵の心さえ見抜けるようになり、どんな状況にも合った「拍子」すなわちタイミングをつかめるようになって、勝てるようになる。

この武蔵の言葉は、信用してよい。

有構無構のおしへの事——「構えとは、有って無いものだ」との教え

一　有構無構《うこうむこう》のおしへの事

有構無構と云は、太刀をかまゆると云事あるべき事にあらず。され共、五方《ごほう》

に置《おく》事あれば、かまへともなるべし。太刀は、敵の縁により、所により、けいきにしたがい、何れの方に置《おき》たりとも、其敵きりよきやうに持《もつ》心也。上段も時に随ひ、少《すこし》さがる心なれば中段となり、中段を利により少あぐれば上段となる。下段もおりにふれ、少あぐれば中段となる。両脇の構《かまえ》も、くらいにより少《すこし》中へ出せば、中段下段共《とも》なる心也。然《しかる》によつて、構はありて構はなきと云利也。先《まず》太刀をとつては、いづれにしてなりとも、敵をきると云心也。若し敵のきる太刀を受《うく》る、はる、あたる、ねばる、さわるなど云事あれども、みな敵をきる縁なり、心得べし。うくると思ひ、はると思ひ、あたるとおもひ、ねばるとおもひ、さわるとおもふによつて、きる事不足なるべし。何事もきる縁と思ふ事肝要也。能々吟味すべし。兵法大きにして、人数《にんじゅ》だてと云も構也。みな合戦に勝《かつ》縁なり。いつくと云事悪《あし》し。能々工夫すべし。

さて、以上のように武蔵は、前までの五つの章（九二～一〇一頁）で「五つの構え」について述べてきたわけだが、ここで「しかし、そもそも構えというものは、有って無いものだ」と、まるでこれまでの話と矛盾するような、意外な説明を展開する。

確かに刀の構えは、五つに分類して説明できる。だがそれは、あくまでも基本的なことを便宜上、分類して論理化したに過ぎない。

実戦とは、千差万別。どれほど優れた論理でも、常にその論理どおりに行くわけがない。この〝五つのマニュアル〟の型だけにこだわって構えていては、様々な攻撃に対応し切れないというわけだ。

要は、現場では型にしばられず臨機応変に対処せよ、ということである。

武蔵は言う。

刀を持つことの最終目的とは何か。それは、敵を斬ることである。ならば構えとは、その最終目的を、より効率よく果たすための手段でしかない。つまり、実戦で求められる構えとは〝正しい型の構え〟ではない。あくまでも〝敵を斬り易い構え〟である――と。

上段に構えたとき、相手との距離や地形によっては、少し切っ先を下げるほうが良いときもあろう。となればそれは、中段の構えのようになる。同じように中段の構えのときでも、敵に合わせて微妙に切っ先を上げれば、それは上段の構えのようになる。

結局は、五つの型のどれかにピタリと当てはまる構えだけでは、戦いの現場では対処し切れない。だから「有構無構」、構えとは有って無いものだ、というわけだ。

また、斬り合いでは、敵の刀と自分の刀をぶつけ合う。このときの状況は「受ける・打つ・当たる・粘る・触る」などと分類して、説明が出来る。だが、そうした区別を理屈として頭に入れていたとして、実戦中に「今、俺は『粘っている』状況なのだ」などと分析することに、何の意味があろう。最終的に成すべきことは「斬る」ことである。

「受ける」も「打つ」も「当たる」も「粘る」も「触る」も、要は「斬る」ための〝きっかけ〟でしかない。つまり、そのこと自体に意味はない。そんなことに心を奪われては、かえって的確な状況判断に失敗し、ついには〝本当の目的〟である「斬る」に至れない。となれば、こちらが「斬られる」だけである。

合戦における陣立て（軍勢の配置）も同じことだ。あれは、あくまでも効率よく勝つための手段であって、〝その型通りに正確に布陣をすること〟が目的なのではない。

――と、武蔵のリアリズムの姿勢は、じつに見事である。

確かに、何にせよ「型に種類分けして分析する」ということは、知的な興味深さ、面白さがある。さらには、それをマニュアルにして、そのとおりの行動だけで済まそうとするなら、これは楽な話だ。だが、あらゆる現場、あらゆる実戦が、必ずそうした型にピタリと当てはまるとは限らない。

知識として型を頭に入れておきながら、現場の状況に合わせてより効率よく、その型を〝崩す〟こと。それが「戦いに勝つ」という最終目的に確実に至れる道なのだ。

構えについて完璧な論理を披露しながら、「そんな論理に振り回されるな」とクギを刺す。必要なのは「目的を、より効率よく果たす」という意識であり、すべてはそのための手段でしかない。様式美など、現場においては不要なのである。

これが、武蔵の「構え理論」の最後のまとめだった。決まった形にとらわれることの弊害を、刀を交える実際の〝命のやり取りの現場〟から数多く学んできた武蔵だからこそ、悟り得た真理だろう。

現代においても、様々な現場で、型やマニュアルの知識をひけらかし、そこから外れることを一切許さない人間がいる。だがそんな人間には、武蔵に言わせれば、敵に一刀両断に斬り殺される運命が待っているだけなのである。

敵を打に一拍子の打の事――「一拍子」の打ち

一　敵を打《うつ》に一拍子《ひとつひようし》の打《うち》の事

敵を打拍子に、一拍子といひて、敵我あたるほどのくらいを得て、敵のわきまへぬうちを心に得て、我身もうごかさず、心も付《つけ》ず、いかにもはやく、直《すぐ》に打《うつ》拍子也。敵の太刀、ひかん、はづさん、うたんと思ふ心のなきうちを打拍子、是一拍子也。此拍子能《よく》ならひ得て、間《ま》の拍子をはやく打《うつ》事鍛練すべし。

この章から、こちらから敵に斬りかかる場合のタイミングの取り方が、幾つか紹介されていく。

まずは「一拍子」の打ちである。

自分と敵が互いに近づき、一撃で打ち合える距離にまで迫ったとき、敵が、刀を引くか、外すか、打ち込むか、行動を決める一瞬でも前に、こちらから斬りかかる。これが「一拍子」の打ちだという。

瞬間先手を取る、ということだが、このときの心構えとして、武蔵は「我身もうごかさず、心も付ず」と説明している。「打ち込む瞬間は、無駄な動きも迷いも捨てて一気にいけ」と、教えているのである。この心がけで鍛錬を重ねれば、瞬発力がつき、素早いタイミングで打ち込むテクニックが身につくという。

何事にしろ「瞬間の虚を捉える」には、発想にも技術にも〝瞬発力〞が必要ということである。

二のこしの拍子の事――「二の腰の拍子」の打ち

一　二のこしの拍子の事

二のこしの拍子、我《われ》打ださんとする時、敵はやく引《ひき》、はやくはりのくるやうなる時は、我打《うつ》とみせて、敵のはりてたるむ所を打《うち》、引てたるむ所を打《うつ》、是二のこしの打《うち》也。此書付斗《ばかり》にては、中〳〵打得がたかるべし。おしへうけては、忽《たちまち》合点のゆく所也。

敵もそれなりの兵法者ならば、こちらが打ち込もうとするのを察知して、素早く退く。そこで「しまった！」と思わず、そのまま打ち込むように見せて、敵が「自分の読みどおりだ！」と一瞬安心したところを、すかさず打ち直す。これが「二の腰の拍子」の打ちである。

タイミングを敵に外されても、瞬時に次のタイミングをとる、ということだ。高等テクニックなだけに、言葉の説明だけではイメージがつかみにくい。武蔵は、直接「おしへうけては（教え受けては）、忽《たちまち》合点のゆく」ものなのだが……と、残念そうに述べている。

やはり身体で覚えることが大切である。

無念無相の打と云事——無念無相の打ちについて

一　無念無相《むねんむそう》の打《うち》と云事

敵も打ださんとし、我も打ださんと思ふ時、身も打身《うつみ》になり、心もうつ心になつて、手はいつとなく空《くう》より後《あと》ばやにつよく打《うつ》事、是《これ》無念無相とて、一大事の打《うち》也。此打たび〳〵出合《いであう》打也。能々《よくよく》ならひ得て鍛練あるべき儀也。

敵と自分が同時に互いを打ち込もうとしたときの対処法である。そうなったら、身体を打つ体勢にして、気持ちも打ち込む気になって、迷わずに突っ込む。そうすれば、刀を持った手に自然と加速がついて、こちらのほうが強く打ち込めるというのだ。

こちらが攻撃体勢になっているときに、敵の襲ってくるのが解っても、防御に切り替えようとすれば、こちらが一歩遅れる。それならば、そのまま一気に攻撃体勢のまま進んだほうがよい。

これが「無念無相の打ち」で、武蔵は「一大事の打」すなわち、もっとも重要な攻撃姿勢だと述べている。

要するに「瞬時もためらうな、躊躇《ちゅうちょ》するな」という心構えである。剣の戦いに限らず何事にも、両者が拮抗《きっこう》し伯仲しているときには、そう心がけるべきだろう。

流水の打と云事――「流水の打ち」について

一　流水の打と云事

流水の打といひて、敵相《てきあい》になりてせりあふ時、敵はやくひかん、はやくはづさん、早く太刀をはりのけんとする時、我身も心も大きになつて、太刀を我身のあとより、いかほどもゆるゆると、よどみのあるやうに、大きにつよく打事《うつ》也。此打《うち》、ならひ得ては、慥《たしか》に打よきもの也。敵のくらいを見わくる事肝要也。

武蔵が戦いの中でリズムを重視することは、これまでの説明でもよく解る。戦いでは、敵のリズムに合わせるのではなく、こちらが〝こちらの都合のよいリズム〟で戦うということが重要なのだ。

敵と自分が五分五分でせり合っている状況で、「引く・外す・撥《は》ね除ける」という敵の刀の動きが常に素早くテンポよいときは、どうするか。あえてこちらは、身体も心も大きくなるような気分で、刀の動きもその気分に従わせるように、ゆっくりと大きく強く打つ。敵とは違うリズムを取るわけである。

すると、速い川の流れが淵でよどむように、敵の動きはこちらのリズムに引きずられて軽快さを失う。そうすれば、あとはこちらのペースである。これが「流水の打ち」で、これが習得できれば素早い敵にもかなり有利に戦える。

スローだが、ダイナミック。この打ち方が、敵のテンポの間を外してズバリと決まれば、決定的だ。

だが、これはかなりの高等テクニックで、武蔵もその点は「敵のくらいを見わくる」、すなわち敵の実力や状況を的確に判断する眼力があって初めて成し得るテクニックだと、注意をうながしている。

大きく緩やかに動いて勝利を収める。何事により、それ相当の体力、実力のある者だけが成し得ることである。

縁のあたりと云事――「縁のあたり」について

一　縁のあたりと云事

我打出す時、敵打とめん、はりのけんとする時、我打《うち》一つにして、あたまをも打、手をも打、足をもうつ。太刀の道一つをもつて、いづれなりとも打《うつ》所、是縁の打《うち》也。此打、能々《よくよく》打ならひ、何時も出合打《いであううち》也。細々《こまごま》打あひて分別あるべき事也。

次は「縁の打」という打ち方である。

こちらから打ち込んだとき、敵が、こちらの刀を止めようとしたり、撥《は》ね除けようとしたりの対応に出たら、瞬時に、敵の頭でも手でも足でも〝敵の構えが届かないポイント〟を見極めて、そこを打つ。そのポイントがすなわち「縁」で、これが「縁の打」だ。つまり一瞬で、敵の読みの裏をかくというわけだ。

敵の動きを察して、打てるところを打つ。この打ち込みが、「太刀の道一つ」つまり、迷いのない一直線、一拍子で成されなければならない。アレコレ考えて刀の動きがフラフラしてはダメなのである。

確かに、敵の動きが察せられても「では、どうしようか」などと次の対応を悠長に考えていては、その間を突かれて、結局は負けてしまう。一つの対応がうまく行かないときは〝素早い次の対応〟が必要なのだ。

戦いではたいてい何時も、この「縁の打」を出す状況が発生するという。つまり、こちらの一撃で敵を倒せることなど、そうそうない。一度打ったら即座に「次の打ち・次の対応」が必要となる。戦いとはそういうものだ。――と、武蔵は説明しているのである。

現代生活の様々な人間関係にも通じる戒めだろう。何事も、相手がいきなり自分の思いどおりになるわけはない。ビジネスでもプライベートな交友でも、こちらからのアプローチが相手にうまく通じなかったら、すぐに次の有効なアプローチに移りたい。そのとき、相手の性格なり立場なり、どんな点に働きかければよいか。相手の「縁」を、即座に捉えたいものである。

「縁の打」の感覚は、実際に何度も戦って経験することで理解できていくだろうと、武蔵は述べている。やはり経験が人を磨くのである。

石火のあたりと云事――「石火のあたり」について

一　石火のあたりと云事
石火のあたりは、敵の太刀と我太刀と付合《つけあう》ほどにて、我太刀少《すこし》もあげずして、いかにもつよく打《うつ》也。是は足もつよく、身もつよく、手もつよく、三所をもつてはやく打べき也。此打《うち》、たび〱ならわずしては打がたし。よく鍛練すれば、つよくあたるもの也。

敵の刀と自分の刀がひっつき合うほどに接近したとき、相手のパワーを受け流すのではなく、渾身のパワーをもって相手を押し潰すつもりで、激しく強く打ち放つ。「石火のあたり」と呼ぶ打ち方である。とにかくパワーで強引に押し切ってしまえ、というわけだ。「相手の力を巧みに利用する」といった戦法とは正反対の、無骨な戦い方と言える。

そしてなればこそ、この「石火のあたり」を成功させるには、足が強く、身が強く、手が強くなければならない。脚力・体力・腕力と、とにかくパワーあって初めて成し得る打ち方だと、武蔵は説く。だから、これには日頃の鍛錬だけが頼りなのである、と。

「強引な力押し」というやり方は、ふつうはあまり誉められたものではない。言ってしまえば〝知性や品性を欠く〟戦法である。

だが武蔵は、時と場合によっては力押しでしか対処できないことが戦いにはあると、多くの実戦経験から骨身に染みて、知っていた。そして、どれほど剣技が優れていても日頃から体力を蓄えていない者は、そんなときには死ぬしかないということも。

体力を蓄える日々の心構えと努力が、いつか自分の命を救うことになるのだ――と、武蔵の「石火のあたりをモノにするため鍛錬せよ」との教えには、そんな武蔵のメッセージが込められている。

紅葉の打と云事――「紅葉の打ち」について

一　紅葉《もみじ》の打《うち》と云事

紅葉の打、敵の太刀を打おとし、太刀取なをす心也。敵前に太刀を構《かまえ》、うたん、はらん、うけんと思ふ時、我打《わがうつ》心は、無念無相の打、又石火の打にても、敵の太刀を強く打、その儘《まま》あとをねばる心にて、きつさきさがりにうてば、敵の太刀必《かならず》おつるもの也。此打《うち》鍛練すれば、打おとす事やすし。能々稽古あるべし。

「紅葉の打」とは優雅なネーミングだが、内容は激烈である。

敵が刀を仕掛けて、打ってきたり、こちらの刀を払ったりする。つまり激しく刀を交えて、こちらの体勢がやや崩れそうになったときの対処法である。

そんなときは「無念無相の打」でも「石火の打」でも何でもよいから、とにかく渾身のパワーで敵の刀を打ち、そのままググッと粘りつくような感覚で刀の切っ先を下方へ押しつける。そうすれば必ず、敵は力負けして刀を落とすというのだ。

敵の刀が落ちるから、紅葉にたとえたわけである。

敵が刀を落としたら、そこに隙が出来るから、その間に、こちらも刀を「取り直す」つまり、体勢を立て直すのである。そして、そこであらためて敵に打っていくのである。

粘りつくようにパワーをググッと出しつづけるのは、瞬発力ではなく持久力の勝負である。これまた、現代社会の〝戦い〟にも何かしらのメッセージとして読み取ることの出来る戦術論だ。

この打ち方も、モノにするには鍛錬あるのみだと、武蔵は戒めている。

太刀にかはる身と云事――刀の動きと全身の動き

一　太刀にかはる身と云事

身にかはる太刀とも云べし。惣而《そうじて》、敵を打《うつ》身に、太刀も身も、一度にはうたざるもの也。敵の打《うつ》縁により、身をばさきへうつ身になり、太刀は身にかまはず打所《うつ》也。若《もし》は、身はゆるがず、太刀にてうつ事はあれども、大形《おおかた》は身を先へ打、太刀をあとより打もの也。能々吟味して打ならふべき也。

「太刀にかはる（変わる）身」。逆に言えば「身にかはる太刀」。身体は刀であり、刀は身体である。つまり刀との一体感である。

その一体感をもって敵に打ち込むと、どうなるか。「身体と刀が同時に出る」わけではないのだ。

一体感あればこそ、まず身体が動き、そのあとから刀の動きがついてくる。初めに身体を攻撃体勢とする。すると、刀の動きは連動する。そういう感覚で動いてこそ、敵に無理なく攻め込める。

時には、身体は動かさず刀の動きだけで打ち込む場合もある。が、たいていは身体から仕掛けるものだと、武蔵は言う。

要するに、戦いとは「まず道具ありき」ではなく「まず、己自身ありき」なのである。自らの身体を張って戦う気概が道具を使いこなす技につながる、というわけである。

打とあたると云事――「打つ」と「当たる」の違い

一　打《うつ》とあたると云事

打《うつ》と云事、あたると云事、二つ也。打と云心は、いづれの打《うち》にても、思ひうけて慥《たしか》に打《うつ》也。あたるはゆきあたるほどの心にて、何と強くあたり、忽《たちまち》敵の死《しぬ》るほどにても、是はあたる也。打《うつ》と云は、心得て打所也。吟味すべし。敵の手にても足にても、あたると云は、先《まず》あたる也。あたりて後を、つようくうたんためなり。あたるはさわるほどの心、能《よく》ならひ得ては、各別の事也。工夫すべし。

ここまで武蔵は、敵に斬り掛かることを「打つ」と表現してきた。武蔵によれば、敵を斬るとき、「打つ」とは別に「当たる」と表す場合もあるという。そして、この「打つ」と「当たる」は「敵を斬る」という表面上の動きは同じでも、意味がまったく違うというのだ。

「打つ」とは、どのような場合であれ結果であれ、心に決めて仕掛けることである。はっきりと具体的な意思によって敵を攻める場合である。

「当たる」は、明確な動きの意思がなく、戦いの成り行きでただ偶然に、刀が敵に斬り込んだ場合をいう。これは〝ぶつかった〟といった程度のことであり、それがどれほど強い当たりで、敵を倒したとしても、実力で倒したとは言えないのである。

武蔵は、「当たる」ことをまったく否定しているわけではない。戦いの中で、敵の手なり足なりに刀が「当たる」場合はある。そうしたら、それをチャンスとして次の瞬間に確実に「打つ」のだ。「当たる」を「打つ」のきっかけとして活かすなら、それでよいのである。

だが、「当たる」ことだけで勝負を決しようと思うのは誤りである。つまり武蔵は、いわゆる「結果オーライ」は認めないのだ。

たとえ偶然の強い「当たり」で勝ったとしても、それで自分が納得してしまうとどうなるか。そのときはよい。しかし別の戦いには、その勝利の経験は何の役にも立たない。となれば、次には負けてしまうかも知れない。

前の勝ちから何かを学び、次の勝ちに結びつけるには、その勝ちがあくまでも意思と実力によってつかんだものでなければならぬ。——と、これが武蔵の教えである。厳しい。が、武蔵ならではの教えだ。

現代の我々にとっても深く含むところがある素晴らしい言葉である。

しうこうの身と云事――「秋猴の身」と名付ける心構え

一　しうこうの身と云事
秋猴《しゅうこう》の身とは、手を出さぬ心なり。敵へ入身《いりみ》に少《すこし》も手を出す心なく、敵打《うつ》前、身をはやく入《いる》心也。手を出さんと思へば、必《かならず》身の遠のくものなるによつて、惣身をはやくうつり入《いる》心なり。手にてうけ合《あわ》するほどの間には、身も入やすきもの也。能々吟味すべし。


敵と向かい合ったときの心構えとは、いわば「秋猴《しゅうこう》の身」となることである。

――ここでの武蔵の教えである。

秋猴とは「手の短い猿」だという。自分の腕を、秋猴の短い腕のようにイメージする。つまり、「腕を長く伸ばすという発想を、戦いの初めから持つな」ということである。

では、どう敵に向かうのか。腕を伸ばせないのなら、身体ごとぶつかるのである。

敵が打ってくるよりも早く、我が身体を一気に敵に寄せてしまうのだ。そうすれば、敵もビビるだろう。それで、一挙にこちらから敵に打ちかかる。

逆に、腕を伸ばして戦おうという気持ちがあると、身体のほうが遠のいてしまう。ヘッピリ腰のような状態になってしまう。それでは存分に刀も打ち込めない。恐がらずに身体ごと敵に寄せつけてしまうのが、勝ちに結びつく。

武蔵は、「お互い手の届く程度の距離に入れば、一気に身体を寄せるのは簡単なものだ」とも述べている。確かに簡単だろう。が、かなり度胸の要る話である。このテクニックをモノにするには、まずは自分の恐怖心に打ち勝たねばならない。

しつかうの身と云事――「漆膠の身」という心構え

一　しつかうの身と云事

漆膠《しつこう》とは、入身《いりみ》に能《よく》付てはなれぬ心也。敵の身に入《いる》時、かしらをもつけ、身をもつけ、足をもつけ、つよくつく所也。人毎に顔足ははやくいれども、身の、くもの也。敵の身へ我身をよくつけ、少《すこし》も身のあいのなきやうにつくもの也。能々吟味有べし。

これは、前の章で述べられた「秋猴の身」の次の段階の解説である。

敵に身体を寄せつけたなら、状況によっては、そのままピタリと身体を寄せて離れないようにする。そのままグイグイと押していくのである。漆《うるし》や膠《にかわ》で張りつけたように、敵と我が身を密着させる戦法である。こうすると敵は思うように動けなくなり、焦りも生じ、戦いをこちらに有利に持っていける。

この場合、頭から、身体から、足から、すべてピッタリと着けなければならない。敵と自分の身体のあいだに隙間を作ってはならないのだと、武蔵は説明している。

たいていの者は顔や足は素早く密着させることが出来ても、肝心の身体が後ろへ退いてしまうものだと、武蔵は述べている。それでは敵に容易に、せっかくの密着状況を崩されてしまう。

なるほど、正しくやっているつもりでも肝心の点が抜けているというのは、何事につけ人間にはよくあることだ。武蔵のように、そういうことを鋭く指摘してくれる人は、ありがたい。

たけくらべと云事――「丈比べ」の心構え

一 たけくらべと云事

たけくらべと云は、いづれにても敵へ入込時《いりこむ》、我身のちゞまざるやうにして、足をものべ、こしをものべ、くびをものべて、つよく入、敵のかほとくとならべ、身のたけをくらぶるに、くらべかつと思ふほど、たけ高くなつて、強く入所、肝心也。能々工夫有べし。

敵に身体を寄せたとき、どんな場合でも身体が縮まないように意識せよ――と、武蔵は説く。

身体を敵にピタリと着けたら、足も伸ばし、腰も伸ばし、首も伸ばし、敵の顔と自分の顔が同じ高さに並んで、さらには「自分のほうが敵より背丈が上になる」というくらい身体をグンと伸ばして敵に着け、というのだ。

確かに、身体が縮こまってしまっては、上から敵に押さえつけられてしまう。戦いを有利に展開させるには、自分が上から敵を見おろすようなポジションが望ましい。

だが、力を込めればついつい自然と身体は縮こまるものだ。だから武蔵は、「意識して身体を伸ばせ」と忠告しているのである。

無意識にする自然な動き。意識しなければ出来ない動き。戦いにはケースバイケースで、そのどちらもが求められる。

ねばりをかくると云事——粘りを掛ける心構え

一　ねばりをかくると云事

敵もうちかけ、我も太刀打かくるに、敵うくる時、我《わが》太刀敵の太刀に付て、ねばる心にして入也《いる》。ねばるは、太刀はなれがたき心、あまりつよくなき心に入べし。敵の太刀につけて、ねばりをかけ入時《いる》は、いか程も静《しずか》に入てもくるしからず。ねばると云事と、もつる、と云事、ねばるはつよし、もつる、はよはし。此事分別有べし。

戦いの中で双方が刀を打ち掛けたとき、互いが離れず、刀どうしがついた状態になるときがある。いわゆる「鍔《つば》迫《ぜ》り合い」の状況である。

こうしたときは、自分の刀を敵の刀に粘りつけるような、敵に我が身を入り込ませるような気持ちで、敵と離れないようにする。

武蔵によれば、このとき力はあまり入れる必要はないという。むしろ、落ち着いた静寂な気分で敵に着いている状態が、理想だというのだ。

渾身の力を込めて顔を真っ赤にしてグイグイ押す、ということではないのだ。バランスの良い力加減で、安定した状態を保つのである。そうやって現状をひたすら維持しつづけていると、やがて敵が根負けして、逃げようと動き出す。こちらに有利に戦いの展開が起こるというわけだろう。

つまり、このとき両者は、どうにもならず膠着《こうちゃく》している状態のように見えて、じつは状況のイニシアチブはこちらが持っているというわけである。この膠着状態を演出しているのはこちらの「粘り」の意思であり、それが敵の自由な動きを封じているわけである。

それに対し、こちらも敵もニッチもサッチも行かなくて膠着してしまっている状態を「もつる、」状況と、武蔵は呼ぶ。

この場合は自分の思いどおりにならず動けないわけだから、誉められたものではない。つまり、「ねばる状況」では自分は強い。「もつれた状況」では弱い。この違いははっきり区別しろ、と武蔵は力説する。

現代生活の中にも様々な場面で、膠着状態というものは発生する。そのとき自分は、はたして粘っているのか、もつれているのか。この点の自覚がなければ、良い展開には結びつけられないだろう。

身のあたりと云事――体当たりのやり方

一　身のあたりと云事

身のあたりは、敵のきわへ入《いり》こみて、身にて敵にあたる心也。少《すこし》我顔《わが》をそばめ、我左の肩を出し、敵のむねにあたる也。あたる事、我身をいかほどもつよくなりあたる事、いきあひ、拍子にてはづむ心に入べし。此入《いる》事、入ならひ得ては、敵二間も三間もはげのくほど、つよきもの也。敵死入《しにいる》ほどもあたる也。能々鍛練あるべし。

ここでは、敵に体当たりするコツを説明している。刀に頼るばかりではなく、我が身そのものを武器とする方法である。

敵の間際に入り込んだら、自分の顔をややそむけ、左肩からぶつかっていく。狙いは、敵の胸である。

このときのコツを、武蔵は次のように説明する。出来るかぎりの力を込めること。呼吸を整えること。弾むように飛び込むこと。

やはりリズムが大切というわけだ。

体当たりは、うまくいくと敵が二間や三間はフッ飛んで、それだけで敵が「死に入る」つまり、致命傷を与えられるという。一間は約一・八メートルだから、三メートルから五メートルほどフッ飛ぶというのだ。

武蔵の言うことだから、経験に即した事実だろう。人一人を五メートル飛ばす瞬発のパワーとは、相当なものである。

それにしても、剣の戦いとはつくづく肉体と肉体との格闘技だと思い知らされる。

三つのうけの事――敵の刀の受け方の三パターン

一　三つのうけの事

三つのうけと云は、敵へ入こむ時、敵打出す太刀をうくるに、我《わが》太刀にて敵の目をつくやうにして、敵の太刀を我右のかたへ引ながしてうくる事、亦つきうけといひて、敵打《うつ》太刀を、敵の右の目をつくやうにして、くびをはさむ心につきかけてうくる所、又敵の打時、短き太刀にて入《いる》に、うくる太刀はさのみかまはず、我左の手にて、敵のつらをつくやうにして入こむ、是三つのうけ也。左の手をにぎりて、こぶしにてつらをつくやうに思ふべし。能々鍛練有べきもの也。


こちらが敵のふところに飛び込むや、当然敵も、こちらへ打ち込んでくる。両者激しい衝突である。その際の受け方が三パターンあると、武蔵は説明する。

まず一つめが、敵の眼を突くように刀を正面へビュンと出し、そのまま敵の刀を自分の右側に引き流すようにして受けるパターン。これは、あまり無理のない受け方である。

二つめが、あえて敵にグッと接近して受けるパターン。敵が打ちかけてきたとき、こちらは敵の右眼を突くような角度で刀を出し、敵の首を挟む形（こちらの刀が右から、敵の刀が左から）を作るような感覚で突きかけて、敵の刀を受ける。武蔵はこのテクニックを、とくに「つきうけ（突き受け）」と呼んでいる。

そして三つめ。これは、短刀で受けるパターンである。かなり大胆な受け方だ。

刀の長さの差を考えれば、どう受けたところで不利である。だったら、いっそのこと「敵の刀を自分の刀で受ける」と思うな。打ってくる敵の刀は気にせず、こちらは空いている左の拳で敵の顔面をブン殴るつもりで敵のふところに飛び込め。

――と、武蔵はこんな戦術を示すのだ。

この方法は当然、右手一本で刀を持っている状態である。武蔵の「二天一流」ならではの、思い切った発想だ。

そして、「刀を頼るな。いざとなったらブン殴れ」という教えは、道場剣法では、そうそう出てこない。やはり、さすが武蔵。実戦の人である。

いずれにしろ、「受け」をそのまま「攻め」に転じるという考えが、この三パターンには共通している。武蔵にあっては「受け」は決して「逃げ」に結びつかないのだ。

おもてをさすと云事――敵の顔面を狙う戦術の効果

一　おもてをさすと云事
面《おもて》をさすと云は、敵太刀相《たちあい》になりて、敵の太刀の間、我太刀の間に、敵のかほを我《わが》太刀さきにてつく心に、常に思ふ所肝心也。敵の顔をつく心あれば、敵の顔、身も、のるもの也。敵をのらするやうにしては、色々勝所《いろいろかつ》の利あり。能々工夫すべし。たゝかいの内に、敵の身のる心ありては、はや勝所《かつ》也。それによつて、面《おもて》をさすと云事、忘るべからず。兵法稽古の内に、此利、鍛練あるべきもの也。

刀を交えて、互いの剣の腕が五分五分だと悟ったとき、こちらが有利になるためにはどうするか。「顔を狙え」と武蔵は説く。

敵の顔面を突き刺す気持ちで挑め。それも、戦いの間たえず狙うのだ。――と武蔵は言う。この心構えは、実際に顔面を斬りつけることのみが、じつは目的ではない。敵に「顔面を狙われている」と感じさせることに、大きな意味があるのだ。

武蔵によれば、人間は顔を狙われると、恐怖心がストレートに働いて、顔ばかりか身体ごとそらすようになる。つまり動きが「逃げ」の状態になる。そうなれば、互いのパワーバランスが崩れて、たちまちこちらが有利になれるというのだ。

要するに、敵のメンタル面を突く心理戦の駆け引きなのである。

ふつう、こちらの狙う攻撃はバレないよう、敵に察知されないよう、心がけねばならない。しかし、この場合は「察知させる」ことが目的だ。こちらの意図を露骨に示し、敵に必要以上に恐怖を感じさせるのである。

「こちらの狙いをわざと敵に察知させる」とは、いわば「自分の気配を演出する」と言い換えられる。

これはこれで、戦いの高等テクニックである。だから武蔵は「この心構えを忘れず、鍛錬を重ねろ」と教えている。手の内を隠すのもテクニックなら、見せるのもテクニックなのである。

心をさすと云事――敵の心臓を狙う戦法

一　心《むね》をさすと云事

心をさすと云は、戦《たたかい》のうちに、うへつまり、わきつまりたる所などにて、きる事いづれもなりがたき時、敵をつく事、敵のうつ太刀をはづす心《こころ》は、我《わが》太刀のむねを直《すぐ》に敵に見せて、太刀さきゆがまざるやうに引とりて、敵のむねをつく事也。若《もし》我くたびれたる時か、亦は刀のきれざる時などに、此儀専《もっぱら》もちゆる心なり。能々分別すべし。

武蔵にとって「敵に打ち込む」とは、「刀を振って敵を斬る」動作をおもに指し、「刀で突く」ことは、二次的な扱いになっている。

だが、戦いの場が極端に狭くて、自分のポジションの上もわきもつかえているとき、刀は思うように振って斬ることが出来ない。そんな場合、有効な動きが「突き」である。

武蔵は、「突き」とはズバリ「心《むね》をさす」、つまり「敵の心臓を突き刺す」ことだと述べる。

こちらが動きづらい狭いポジションに立っている。敵が打ち掛かってくる。それをタイミングよく外し、我が刀の峯を敵に垂直に向けて、切っ先をまっすぐに後方へ引き、そして前方に押し出して、ズバッと敵の胸を突く。まさに一撃必殺である。

武蔵は、この方法は狭い場所に追い込まれた場合に限らず、疲れて思うように刀を振れない場合や、刀が刃こぼれや血粘で思うように斬れなくなった場合にも有効だと説明している。要するに、刀の扱いは斬る動作が優先だが、戦いが長引いて色々とトラブルが生じたら、突くことも攻撃方法にしろ――というわけだ。

余談ながら、武蔵の時代よりずっと後年の幕末、武蔵以来の剣豪とも謳《うた》われた新選組の沖田総司は「突き」の名人だった。有名な「池田屋事件（一八六四年）」では狭い屋内での乱戦で、彼の突きが有効に働き、多くの尊王の志士が倒された。

歴史は、武蔵の説明どおりだったわけである。

かつとつと云事——「カッ、トッ」のタイミング

一　かつとつと云事

喝咄《かつとつ》と云は、いづれも、我打かけ、敵をおつこむ時、敵また打かへすやうなる所、したより敵をつくやうにあげて、かへしにて打事《うつ》、いづれもはやき拍子を以て、喝咄《かつとつ》と打、喝とつきあげ、咄とうつ心也。此拍子、何時も打あいの内には、専《もつぱら》出合《いであう》事也。喝咄のしやう、きつさきあぐる心にして、敵をつくと思ひ、あぐると一度にうつ拍子、能《よく》稽古して吟味あるべき事也。

こちらから打ち掛けて、敵を押さえ込もうとする。敵が反応して、打ち返してくる。

そこを下から「カッ」のテンポで突くように刀を上げて、「トッ」のテンポで刀を返して敵を打つ。——と、この一連の動作を素早く「カッ、トッ」の二拍のテンポで行う。

武蔵によれば、この二拍のテンポは戦いに何時も起こる状況だという。コツ

は、「カッ」で切っ先をグッと上げると同時に、「トッ」で一気に打つ。要するに、素早ければ素早いほどよい、ということだ。

武蔵は、いたずらに刀を素早く動かすことは否定する。しかし状況によっては、素早いスピードを求める。まさに臨機応変の剣法である。

はりうけと云事――「張り受け」というテクニック

一　はりうけと云事

はりうけと云は、敵と打合《うちあう》時、とたん〳〵と云拍子になるに、敵の打所《うつ》を、亦我太刀にてはりあわせ打也。はり合《あわ》する心は、さのみきつくはるにあらず、うくるにあらず。敵の打《うつ》太刀に応じて、打太刀をはりて、はるよりはやく敵を打事なり。はるにて先《せん》をとり、打《うつ》にて先をとる所肝要也。はる拍子能《よく》あへば、敵何とつよく打ても、少《すこし》はる心あれば、太刀さきのおつる事にあらず。能《よく》習ひ得て吟味有べし。

こちらのリズムに敵を乗せることが出来ず、「トタン、トタン」という感じで打ち合いのリズムがおかしくなる場合が、ある。こうした場合は、敵の動きを一瞬とめて、そこを一気に打ち込む。

では、どのようにして敵を一瞬とめるのか。それが「はりうけ（張り受け）」のテクニックである。

武蔵は言う。

敵の打ってくる刀を強く打ち返すのでもなければ、まともに受けるのでもない。敵の刀の動きに合わせるようにして、軽くはたくのだ。すると敵の刀の動きが一瞬とまる。そこを先手を取って、打つ。

この「軽くはたく」テクニックも、やはりタイミングが勝負だ。上手くなると敵の打ち込みがどんなに強くとも、スパンとはたけて、こちらが刀を打ち落とされるなどという事態は、まず起こらないという。

敵のパワーを受け流して殺す、ということだ。つまり「いなし」である。真っ正面からぶつかるばかりではラチがあかないときは、敵をいなして状況をリセットする。そしてあらためて先手を取るのである。

多敵のくらいの事――多勢の敵と一人で戦う方法

一　多敵のくらいの事

多敵のくらいと云は、一身にして大勢とたゝかふ時の事也。我刀わきざしをぬきて、左右へひろく、太刀を横にすて、かまゆる也。敵は四方よりかゝるとも、一方へおいまはす心也。敵かゝるくらい、前後を見わけて、先へすゝむものに、はやくゆきあい、大きに目をつけて、敵打出すくらいを得て、右の太刀も左の太刀も、一度にふりちがへて、待《まつ》事悪《あし》し。はやく両脇のくらいにかまへ、敵の出たる所を、つよくきりこみ、おつくづして、其儘《そのまま》又敵の出たる方へかゝり、ふりくづす心也。いかにもして、敵をひとへにうをつなぎにおいなす心にしかけて、敵のかさなると見へば、其儘間をすかさず、強くはらいこむべし。敵あいこむ所、ひたとおいまはしぬれば、はかのゆきがたし。又敵の出るかたくと思へば、待《まつ》心ありて、はかゆきがたし。敵の敵の拍子をうけて、くづるゝ所をしり、勝《かつ》事也。折々あい手を余多《あまた》よせ、おいこみつけて、其心を得れば、一人の敵も、十二十の敵も、心安き事也。能《よく》稽古して吟味有べき也。

多人数の敵に囲まれたとき、どのように戦い、生き延びるか。まさに実戦至上主義である「二天一流」テクニックの集大成と呼べる教えだろう。

まず、刀の構え方――刀と脇差し、二本の剣を片方ずつの手に持ち、左右に広く、横に構える。

移動――四方にいる敵を、どこか一方へ一方へと追い回す心がけで動く。敵を一列につなげて追いかける感覚が、大切。つまり、敵を〝線〟として捉えるようにするのである。

武蔵は、敵が線になった状況を「うをつなぎ（魚繋ぎ）」と表している。そして、実際に敵が連なって「魚繋ぎ」になったならば、間をおかずに一気に打ち込む。

打ってくる敵への対応――敵それぞれの動きの後先を見分け、先に掛かってくる者から、戦う。

二刀の使い方――敵の迫ってくる状態に合わせて、左右の刀を一気に、交差させるように振り違える。二刀を同じ方向に動かしても複数の敵相手には効率的ではない、というわけだ。しかし口で言うのは簡単だが、左右の手を同時に違う方向に動かすというのは、人間の感覚として、たやすく出来る芸当ではない。かなりの修練を積んで〝身体に覚えさせなければ〟ならないテクニックである。

アクションの反復——一度刀を出したら、すぐに元のポジションに戻す。敵が打ってくるところを、こちらからも強く打ち込み、押し崩す。さらに、また敵が打ってきたら、また強く打ち、押し崩す。この繰り返しを心がける。

やってはいけないこと——敵が固まっているところをやたらと追うのは、効率が悪い。やはり一人一人確実に倒していくのがよい、というわけだ。

また、「出てきたところを打つ」と考えるあまり〝待ちの態勢〟になってしまっては、結局はこちらが後手後手になって、うまく戦えない。敵の動きのリズムをつかんで、崩すタイミングを計り、素早く対応すること。

多数の敵でもこちらから仕掛けて、こちらの都合のよい形に寄せ集め、そこを追い込んで倒していくテクニックを身につければ、一人相手のときはもちろん、十人、二十人相手のときでも余裕を持って戦えると、武蔵は自信満々に述べている。

実際、彼はあの有名な「吉岡一門との戦い」で生き延びた実績があるのだから、この説明には説得力を感じる。みごとな説明である。

とくに、「敵を『魚繫ぎ＝線』にして、一人一人先に打ってくる者から倒せ」といった教えは、単なる剣法の戦術論を超えて含むところがある。現代社会にあっても、人は〝一人で抱えきれそうにない大きな問題〟に向かわねばならない場合が、まま起こる。だが、その問題を〝魚繫ぎ〟に整理して、確実に一歩一歩解決に向かっていくことも、出来るのではないか。

打あいの利の事――剣の勝利への道

一　打あいの利の事

此うちあいの利と云事にて、兵法太刀にての勝利をわきまゆる所也。こまやかに書しるすにあらず。能《よく》稽古ありて、勝所《かつ》をしるべきもの也。大形《おおかた》兵法の実《まこと》の道を顕はす太刀也。口伝。

「打ち合いの利」。すなわち、ズバリ「剣の戦いによる勝利」ということである。

すべての戦いのテクニックは、ただそのためだけにある。勝つことこそが「兵法の実の道」なのである。

そして、この「打ち合いの利」に着実に至る真髄は、じつは結局は言葉では正確に書き記せないものだ。——と、武蔵は述べている。テクニック論の裏に込められた精神の在りようまでは書けない、と武蔵は言いたいのだろう。

仏教用語でも使って、もっともらしく言葉を飾り、それらしい神秘的な説明を書くことも、出来たかも知れない。が、武蔵という人は、そうした実態のアヤフヤな観念論を振り回すことは、したがらない人だ。だったらいっそのこと「こまやかに書しるすにあらず」と正直に言ってしまったほうが潔い、というわけだ。

この章の最後に、武蔵は「口伝」の一言を添えている。もちろん「口で伝える」というだけの意味ではない。「直接に手取り足取り、実地の教育でなら伝えられることなのだが……」と、武蔵は言いたいのである。

自分の剣の精神性というものを、確実な手応えで伝えられる後継者が欲しい……と、それが武蔵の願いだったに違いない。

一つの打と云事——究極の奥義「一つの打ち」

一　一つの打《うち》と云事

此一つの打と云心をもつて、慥《たしか》に勝所《かつ》を得る事也。兵法能《よく》まなばざれば、心得がたし。此義能《よく》鍛練すれば、兵法心の儘《まま》になつて、思ふ儘に勝《かつ》道也。能々稽古すべし。

武蔵はこの「水之巻」の最後に、「一つの打」と呼ぶ剣技の存在を示す。

それはどんな技なのか。

この剣技を会得した者は、百パーセント確実に勝つことが出来る。しかしこれは、よっぽど兵法を深く学んだ者でなければ、到達できる境地ではない。——と、武蔵はしかし、これだけの説明しかしていない。

「一つの打」。

きわめてシンプルなネーミングである。おそらくは、ある意味で剣技の〝基本中の基本〟なのだろう。テクニックとしても、精神としても。

だが、それだけに、それほど根幹的な問題なだけに、かえって理論では伝えきれないものなのだ、きっと。武蔵は言う。「此義能鍛錬すれば、兵法心の儘」になる。思うままに「勝つ道」を得られる――と。

まさに、究極の奥義である。

だが、この章の最後の言葉が重要である。「水之巻」でたびたび繰り返されてきたメッセージ、「能々稽古すべし」。

だから努力を重ねよ――と武蔵は説いている。ということは意味を返せば、「誰しも努力を重ねればその境地に至れる」と、武蔵が保証してくれているのである。奥義は決して、神がかったものではない。それは〝人間が努力によって到達できる〟ものなのだ。

武蔵は、人間の潜在的な能力を信じている。自分が至ることの出来た道は他の人にも至ることが出来ると、人間そのものへの期待を抱いている。

彼の期待に応えたいものである。

直通のくらいと云事――二天一流の極意

一　直通《じきつう》のくらいと云事

直通の心、二刀一流の実《まこと》の道をうけて、伝ゆる所也。能々鍛練して、此兵法に身をなす事肝要也。口伝。

右書付る所、一流の剣術、大形《おおかた》此巻に記し置《おく》事也。兵法、太刀を取て、人に勝《かつ》所を覚ゆるは、先《まず》五つのおもてを以て五方《ごほう》の構《かまえ》をしり、太刀の道を覚へて惣《そう》躰《たい》自由《ヤハラカ》になり、心のき、出て道の拍子をしり、おのれと太刀も手さへて、身も足も心の儘《まま》にほどけたる時に随ひ、一人にかち、二人にかち、兵法の善悪をしる程になり、此一書の内を、一ケ条〳〵と稽古して、敵とた、かい、次第〳〵に道の利を得て、不レ断《たえず》心に懸《かけ》、いそぐ心なくして、折々手にふれては徳を覚へ、いづれの人とも打合《うちあい》、其心をしつて、千里の道もひと足宛《ずつ》はこぶなり。緩《ゆる》々《ゆる》と思ひ、此法をおこなふ事、武士のやくなりと心得て、けふはきのふの我にかち、あすは下手《へた》にかち、後は上手《じょうず》に勝《かつ》とおもひ、此書物のごとくにして、少《すこ》しもわきの道へ心のゆかざるやうに思ふべし。縦《たとい》何程の敵に打かちても、ならいに背く事におゐては、実《まこと》の道にあるべからず。此利心にうかびては、一身を以て数十人にも勝心《かつ》のわきまへあるべし。然上《しかるうえ》は、剣術の智力にて、大分《だいぶん》一分《いちぶん》の兵法をも得道《とくどう》すべし。千日の稽古を鍛《たん》とし、万日の稽古を練《れん》とす。能々《よくよく》吟味有べきもの也。

正保二年五月十二日　　　新免武蔵

寺尾孫丞殿

寛文七年

二月五日　　　寺尾夢世勝延（花押）

山本源介殿

「直通の心」。

二天一流の極意を示す一言である。武蔵が心ある後継者に伝えようとする二天一流の「実《まこと》の道」を、指す。

この「実の道」とは、「真実の心構え」という意味でもあろうし、「実戦の技」

という意味でもあろう。観念だけではない。表面的・肉体的な技術だけでもない。双方が相俟《ま》って成り立っているのが、武蔵の剣だ。

そして、これもまた「口伝」である。論理だけでは伝えきれないものなのだ。そう語る武蔵はおそらく、もどかしさを感じていたに違いない。だが、それでも武蔵は、とにもかくにも「水之巻」の筆を、ここで擱《お》く。擱かざるを得なかった。

……と、ここまでで「水之巻」における各々の剣技論は、おわっている。そして最後に、「水之巻」の総まとめとして兵法の道を目指す者の心構えを、武蔵は整理して述べる。

まずは、戦いで勝利を収めるに必要なことを、次のようにあらためて書き並べる。

先に述べた五つの「構え」、そして五つの「おもて（構えからの動き）」を知ること。

「太刀の道」を覚えること。

筋力を鍛錬して思うがままに動けるようになること。

戦いの「拍子」をつかめるようになること。

刀の動きが自然と冴えて、戦いの中で心身ともにイメージどおり円滑に動けるようになること。

――と、そんな能力を会得すれば、勝てる人間になれるのだ、と。

そうした目標をもって努力を重ねれば、一人に勝ち、二人に勝ち、そうやって〝勝利の経験〟を積んでいける。やがては兵法の善悪というものが理解できるようになり、次第に兵法の道理というものが、本当に理解できるようになる――と。


武蔵の、熱い訴えはさらにつづく。

だが「いそぐ心」を持つな。焦るな。

戦いの折々に、一つ一つ「この戦いで何を活かし、何を学んだか」を確認していけ。どんな敵とも勝負の経験を積め。すべては修行である。「千里の道もひと足」ずつなのだ。

兵法の道を歩むことは、武士の義務である。毎日が精進である。

今日は、昨日の自分に勝つ。

明日は、自分より下の敵に確実に勝つ。

未来は、自分より上の敵にも勝つ。

わき道にそれるな。たとえ、どれほどの強敵に勝ったとしても、もしその勝利が二天一流の教えで勝ったのではない〝偶然の勝利〟だとしたら、そんな勝利は「実の道」に近づけるものではない。そんなものは、次の勝利を保証しない。

ここまで記してきた「二天一流による勝利の方法」を会得すれば、数十人の敵が相手でも確実に勝てる。そして、我一人の戦いにとどまることなく、集団の合戦においても勝てる「智力」を得られる。

成すべきは、毎日の努力である。千日の稽古が「鍛」であり、万日の稽古が「錬」である。だから「鍛錬」なのである。

くれぐれも、熟慮し覚悟するように。

……不世出の剣豪・宮本武蔵の、後進の者に伝えたくて伝えたくてたまらなかったメッセージなのだろう。

だが、徳川幕府の安定政権によって戦《いくさ》がこの国から消えてなくなっていた当時、これほどの激烈な兵法を「武士の義務」と言い切るのは、やはり現実的ではなかった。

それでも、そう言わずにいられなかった武蔵。「水之巻」はまさに、〝最後の剣豪〟が自分の生命の証として書き残した「消えゆく宿命の技術の書」であった。

現代の我々は、それでも、いや、だからこそ、この書を受け継ぎ、この書から〝我々が活かせる技術〟を掘り起こし、読み取っていきたいものである。

火之巻《かのまき》

序

二刀一流《にとういちりゅう》の兵法、戦《たたかい》の事を、火におもひとつて、戦勝負の事を火《か》の巻《まき》として、此巻に書顕《かきあらわ》す也。先《まず》世間の人毎《ごと》に、兵法の利をちいさく思ひなして、或はゆびさきにて、手くび五寸三寸の利をしり、或は扇をとつて、ひぢよりさきの先後のかちをわきまへ、又はしないなどにて、わづかのはやき利を覚へ、手をきかせならい、足をきかせならひ、少《すこし》の利のはやき所を専《せん》とする事也。我《われ》兵法におゐて、数度の勝負に一命をかけて打合《うちあい》、生死二つの利をわけ、刀の道をおぼへ、敵の打《うつ》太刀の強弱をしり、刀のはむねの道をわきまへ、敵を打果《うちはた》す所の鍛錬を得るに、ちいさき事、よはき事、思ひよらざる所也。殊《ことに》六具かためてなどの利に、ちいさき事思ひ出ることにあらず。更《さらに》は命をばかりの打あいにおゐて、一人して五人十人ともたゝかい、其勝《かつ》道を慥《たしか》に知る事、わが道の兵法也。然《しかる》によつて、一人して十人にかち、千人をもつて万人に勝《かつ》道理、何の差別あらんや。能々《よくよく》吟味有べし。さりながら、常々の稽古の時、千人万人を集《あつめ》、此道しならふ事、成《なる》事にあらず。独《ひとり》太刀をとつても、其敵々の智略をはかり、敵の強弱、手だてをしり、兵法の智徳を以て、万人に勝所《かつ》を極《きわめ》、此道の達者と成《なり》、我兵法の直道《じきどう》、世界におゐて誰か得ん、又いづれかきわめんと慥《たしか》に思ひとつて、朝鍛夕練《ちょうたんせきれん》して、みがきおほせて後、独《ひとり》自由を得、おのづからきどくを得、通力不思議有《ある》所、是《これ》兵として法をおこなふ息《いき》也。

『五輪書』第三巻「火之巻」の序文である。

この巻は、第二巻「水之巻」の次の段階として、剣技を習得していよいよ実戦に臨む際の様々な戦略・戦術を、具体的に説明していくものだ。

武蔵は、「戦の事を、火におもひと（思い取）」る、すなわち、火にたとえる。戦いとは燃える火のように、激しく変化していくものなのだ。

武蔵は、自分の「二天一流」こそが、この世で唯一の〝戦に役立つ剣法〟すなわち実戦剣法だと、自負している。逆に言えばそれは、「他の剣の流派などは実戦では役立たない〝机上の空論〟で、しょせんは命がけの戦いとは縁遠い〝道場剣法〟だ」と、非難する気持ちに通じる。

それで武蔵は、この章の冒頭でわざわざ他流派の悪口を述べたてるのである。

彼の「本物の兵法は俺の兵法だけだ。なのに、人々はそれを解ってくれていない」といった気持ちが、述べさせずにはいられないのである。

彼は激しい口調で訴える。

世間は兵法というものを、ただ「器用に刀を使う小手先のテクニック」としか考えていない。他流派の〝自称兵法〟は、指先を器用に動かして手首の使い方をうまくやったり、軽い扇を持って肘から先をただビュンビュン動かして、それで勝てると思い込んだり、これまた軽い竹刀《しない》を素早く振り回したり、ただやたらと手足の動きをスピーディーにすればよいと考えたりと、そんな無駄なことばかりしている——と。

武蔵にしてみれば、刀の重さ、鎧の重さを忘れて、ろくに筋力も鍛えず軽い道具で素早くカッコよく動くばかりの他流派剣法は、体裁だけで実質のないインチキ兵法なのだ。そんなものを得々として教えている兵法者などは、絶対許せないやつらなのだろう。

「お前らなんか、実際に戦場に出たらすぐに敵にブチ殺されるわ！」といった武蔵のイライラが、この序文の冒頭から滲《にじ》み出ている。

武蔵は、堂々と宣言する。

我が兵法は、常に「生きるか死ぬか」のギリギリの覚悟をもって臨む。刀の基本的な使い方、敵の強弱の判断、敵を倒すテクニックの習得、すべては実戦のためである。

他流派の小手先兵法などは我が兵法から見れば、お話にならない脆弱さだ。実際「六具（鎧一式）」に身をかためて戦うときに、小手先のチョロチョロしたテクニックが何の役に立つのか――と。

さらに武蔵は、自分の兵法が一対一の対決にとどまらず、集団の合戦の戦略としても有効なのだという従来の主張を、ここでもふたたび繰り返している。

しかし、その主張が「我が兵法は、一人で五人や十人とでも戦えるものなのだから、その理屈で言えば、味方が千人しかいなくとも万人の軍勢に勝てるのである」と。ここまで来ると、ちょっと誇大妄想の気味がなくもない。

集団戦で十倍の戦力の格差は、決定的であり、リアリストの武蔵らしくない発言である。このくだりを読む者は、あるいは苦笑し、あるいは武蔵の、そこまで言わずにはいられない激しい自負心を思いやって気の毒に思えてしまうだろう。

もっとも武蔵も、自分の発言の非現実性は承知のうえだったろう。彼が伝えたかったのは、事実として十倍の敵軍勢に勝てる魔法のような兵法なのではない。あらゆる劣勢の条件をカバーして、確実にこちらを有利に導く戦略のノウハウなのである。そして、実際「火之巻」につづられる戦略論は、じつに理にかなった有効なものばかりだ。

　また、この序文で興味深いのは、武蔵が「イメージ・トレーニング」の必要性を説いているところだ。彼は、こう言っている。

　稽古のため千人も万人も相手を集めるなどと、非現実的なことを求めているのではない。一人で稽古するときもイメージを膨らませ、そのうえで敵の考えや力を読み取って勝ちに結びつけるトレーニングを積め――と。

　彼は、現代のあらゆるスポーツ競技で推奨されているイメージ・トレーニングを、四百年も前にすでに行っていたのだ。やはり天才である。

　そして、この序文の最後に、武蔵はこうまとめる。

「この世広しといえども、真の兵法である『二天一流』を極められるのは私しかいないのだ」と、そのぐらいのプライドと気概をもって修行に臨め。その志を忘れずに朝に夕に修行を積んでいけば、いつのまにか自由自在に兵法を駆使できるようになり、自分で「私は奇跡を起こせるのか。神通力を得たのか」と驚くぐらい、圧倒的に強くなれる。

　そうなれると信じて邁進することこそ、「兵として法をおこなふ息」すなわち、武士として兵法を学ぶ心意気なのである――と。自分に自信を持つことの大切さを、武蔵は訴えている。良い教えである。

場の次第と云事――立ち位置の有利不利

一　場の次第と云事

場のくらいを見わくる所、場におゐて日をおふと云事有、日をうしろになしてかまゆる也。若所《もし》により、日をうしろにする事ならざる時は、右のわきへ日をなすやうにすべし。座敷にても、あかりをうしろ、右脇となす事同前《どうぜん》也。うしろの場つまらざるやうに、左の場をくつろげ、右のわきの場をつめてかまへたき事也。夜《よ》るにても敵のみゆる所にては、火をうしろにおい、あかりを右脇にする事、同前と心得てかまゆべきもの也。敵をみおろすといひて、少《すこし》も高き所にかまゆるやうに心得べし。座敷にては上座《かみざ》を高き所とおもふべし。扨《さて》戦になりて、敵を追廻す事、我《わが》左の方へ追まはす心、難所を敵のうしろにさせ、いづれにても難所へ追掛《おいかく》る事肝要也。難所にて、敵に場を見せずといひて、敵に顔をふらせず、油断なくせりつむる心也。座敷にても、敷居鴨居戸障子縁など、亦柱などの方へ追《おい》つむるにも、場をみせずと云事同前也。いづれも敵を追懸《かく》る方、足場のわるき所、亦は脇にかまいの有所、いづれも場の徳を用て、場のかちを得ると云心専《せん》にして、能々吟味し鍛練有べきもの也。

ここでは、戦いの立ち位置の有利不利について説明している。まず、戦いの始まりにおいてどのような場所に立つべきか。次に、戦いが始まったならば、そこからどのような移動をすればよいか。いずれも、武蔵らしい実戦的な解説である。

戦いの初めに自分が抑えるべきポジションについて、武蔵は三つのポイントをあげている。一つが「光」、一つが「空間」、一つが「高さ」である。

光というのは、昼間の屋外なら太陽、屋内や夜ならば照明具（行燈《あんどん》など）や篝《かがり》火《び》、月明かりなどだ。武蔵は、「戦いのとき、これら光をうしろに背負うポジションに立て。それが無理ならば右わきに光が来る位置に立て」と、述べている。

光を背負うとは、つまり「敵から見て逆光になるようにしろ」ということだ。敵は、こちらに向かう以上は光を直視せねばならず、視覚的に不利になる。こちらにとっては好都合だ。

また「右わきに光が来る位置」というのも同じ理屈である。というのも、武蔵の剣法では右手に刀を持っているわけだから、敵を左側に立たせたいのである。そのほうが刀を振って戦うのに戦い易い。で、この左側の敵から見て、右からの光は、やはり逆光の効果があるわけだ。

空間についての注意は、自分の右わきは詰めるようにして、左側が広くなるようにする。たとえば、屋内なら右側に壁があるように立つのである。となれば、敵が自然と左側に立つことになる。

また、高さについては、少しでも敵より高い位置にポジション取りしたほうがよいと、武蔵は説いている。座敷ならば上座に立て、と。「敵を見おろす」ことが重要だというのである。

このことは、実際に戦い易いという効果があるとともに、メンタル面でも、敵より自分が優位にある気分につながる。

さて、いよいよ戦いが始まってからの移動の注意である。さすが武蔵、鋭く的を射ている。

「自分の左のほうへ敵を追い回すよう心がけよ」が、まずの基本だが、それだけではなく「敵に〝難所〟を背負わせるように追い込め」と、説くのである。

これは具体的には、座敷の中における敷居・鴨居・戸・障子・柱などだ。要するに〝自由に動くのにジャマになるもの〟が敵の背後に来るようにしろ、というわけである。これが屋外だと、足場の悪い場所とか、様々な障害物のある場所ということになる。

しかし、敵とてバカではない。みすみす自分が不利になる位置に移動しようとはしない。それならどうするか。武蔵は、敵が後ろを振り返る余裕を持たせないようズンズン追いつめていけ、という。敵にすれば「いつのまにか難所を背負ってしまった」という状況に追い込むわけである。

そのためには、こちらの動きにスピードと迫力、威圧感が必要だろう。心身ともに〝敵を呑み込む〟ようなパワーが要るのである。

要は「地の利」を積極的に自分のものとすること。そのためには、インサイドワークとパワーの両方が必要なのだ。何事にも通じる教えである。

三つの先と云事──「先手を取る」の三パターン

一　三つの先《せん》と云事

三つの先《せん》、一つは我方より敵へかゝるせん、けんの先と云也。亦一つは敵より我方へかゝる時の先、是はたいの先と云也。又一つは我もかゝり、敵もかゝりあふ時の先、躰《たい》〳〵の先と云。是三つの先也。いづれの戦初めにも、此三つの先より外はなし。先の次第を以《もつて》、はや勝《かつ》事を得る物なれば、先と云事兵法の第一也。此先の子細様々ありといへども、其時の理を先とし、敵の心を見、我兵法の智恵を以て勝《かつ》事なれば、こまやかに書わくる事にあらず。第一懸《けん》の先《せん》、我かゝらんとおもふとき、静《しずか》にして居《おり》、俄《にわか》にはやくかゝる先、うへをつよくはやくし、底を残す心の先、又我心をいかにもつよくして、足は常の足に少《すこし》はやく、敵のきわへよるとはやくもみたつる先、亦心をはなつて、初中後、同じ事に敵をひしぐ心にて、底迄つよき心に勝《かつ》、是いづれも懸の先也。第二待《たい》の先《せん》、敵我方《わが》へかゝりくる時、少《すこし》もかまはず、よわきやうに見せて、敵ちかくなつて、づんとつよくはなれて、飛付《とびつく》やうに見せて、敵のたるみを見て、直《すぐ》につよく勝《かつ》事、是一つの先、又敵かゝりくる時、我も猶つよくなつて出る時、敵のかゝる拍子のかはる間をうけ、其儘《そのまま》勝を得る事、是待の先の理也。第三躰《たい》〱の先《せん》、敵はやくかゝるには、我静《しずか》につよくかゝり、敵近くなつて、づんと思ひきる身にして、敵のゆとりのみゆる時、直《すぐ》につよく勝《かつ》、又敵静にかゝる時、我身うきやかに、少《すこし》はやくかゝりて、敵ちかくなりて、ひともみもみ、敵の色に随ひ、つよく勝《かつ》事、是躰〱の先也。此儀濃《こまやか》に書分《かきわけ》がたし。此書付をもつて、大形《おおかた》工夫有べし。此三つの先、時にしたがひ理に随ひ、いつにても、我方よりかゝる事にはあらざるものなれども、同じくは我方よりかゝりて、敵をまはし度《たき》事也。いづれも先の事、兵法の智力を以て、必《かならず》勝《かつ》事を得る心、能々鍛練あるべし。

野球でも将棋でも、ルール化された勝負事ならば、先手と後手にそれほど有利不利の差は、ない。なぜならば、後手は必ず「先手の次に攻撃できる保証」が与えられているからだ。

だが武蔵が考え、求める勝負とは「勝つためなら何でもやる」命がけの勝負である。ならば先手を取ることは、絶対に有利となる。先手を取った者は、そのまま一気に攻めつづけることが出来るからである。

というわけで、武蔵は「必ず先手を取れ」と命じる。先手を取ることこそ「兵法の第一也」と。

そして、この先手の取り方を三パターンに分けて分析するのである。一つめが「懸《けん》の先《せん》」。これは、こちらから仕掛ける場合の先手。二つめが「待の先」。これは、敵の掛かってきたところを取る先手。三つめが「体々の先」。これは、互いが同時に掛かり合ったときに取る先手である（正しくは「対々の先」と表す）。

「懸の先」については、武蔵はこれを、さらに四種類に分類している。

一　まずは静かに構えていて、不意に素早く掛かる。

二　うわべは強く早く動きながらも、心にはゆとりを持って掛かる。

三　気持ちを激しく高揚させ、足を速く動かし、敵に近寄るや一気に攻める。

四　アレコレ考えを変えず、初めから最後まで同じリズムで敵を威圧するように動き、ついには強引に押していく。

一と三は瞬発力にモノを言わせ、二と四は、気合いで敵を押し込んでいく感覚であろう。

次に「待の先」には対照的な二種類を、武蔵は説明している。

一　敵が掛かってきても、わざと露骨な反応を見せず、あたかもこちらが弱いように見せる。敵が嵩《かさ》にかかって近づいてきたら、グンッと飛び退いて大きく離れる。すると敵は、「オットット」といった感じで動きが〝たるんで〟しまう。そこを一気に先手を取る。敵のタイミングを外す頭脳プレーである。

二　敵が掛かってきたら、こちらはもっと強く前に出る。敵はあわててリズムを崩す。その瞬間を捉えて先手を取り、叩く。こちらは、まさに力技だ。

第三の「対々の先」は、敵の動きを二タイプに分け、それぞれの対応法を示している。

一　敵が、素早く飛び込むように掛かってきた場合。こちらは静かにスッと近づき、互いがいよいよ接近したら、腹を決めて一気に攻め、先手を取る。武蔵によれば、このようなとき敵は「ゆとりのみゆる」つまり、一瞬の隙が見えるものだそうである。そこを逃さないことである。

二　敵が、静かに近づいてくる場合。こちらは逆に身体を軽やかに動かして、早く掛かっていく。そこで一度刀を交えて、敵の反応を察知し、それに合わせてさらに強く打っていく。これで先手が取れて、勝てる。

ただし、敵の反応に合わせるという点は、ケースバイケースで細かくは書き分けにくいという。実際、これは敵の動き次第だから、理屈で整理しきれるものではないのだろう。

以上、武蔵は結局、先手の取り方について合計八パターンに分けて説明している。だが、これもあくまで基本パターンに過ぎず、実戦では独自に応用するようにと、指示している。

そして、当然「待の先」を狙うべき場合もあるわけだが、出来ることならば、常にこちらから掛かっていく、すなわち「懸の先」によって敵を後手に回し、こちらのペースに乗せたいものだ。——と、つけ加える。

武蔵は最後に、先手取りとはまさに「兵法の智力」だ、と断じている。先手を取るとは、運や偶然に左右されるものではない。パワーがあるだけで何とかなるものでもない。アタマの勝負だというのである。

現代においても様々な駆け引き、ビジネスの交渉などがあるが、これらには、野球や将棋のようにプレーヤーを〝公平に守ってくれるルール〟など存在しない。むしろ、武蔵の言う「勝負」に近い。

ならば、ここで武蔵が説いた八パターンの「先手の取り方」からは、読み取りようによっては色々な示唆を得られるだろう。瞬発力、気合い、タイミング外しのテクニック、力技、敵の隙を捉える洞察力……。いずれも身につけたいものばかりである。そのためには「よくよく鍛錬あるべし」だ。

枕をおさゆると云事――敵の打ち込みの出鼻をくじく

一　枕をおさゆると云事

枕をおさゆるとは、かしらをあげさせずと云心也。兵法勝負の道にかぎつて、人に我身をまわされてあとにつく事悪《あし》し。いかにもして敵を自由にまわし度《たき》事なり。然《しかる》によつて、敵もさやうに思ひ、我も其心あれども、人のする事をうけがわずしては叶《かない》がたし。兵法に、敵の打《うつ》所をとめ、つく所をおさへ、くむ所をもぎはなしなどする事也。枕をおさゆると云は、我実《われまこと》の道を得て敵にかゝ、りあふ時、敵何ごとにてもおもふ気ざしを、敵のせぬ内に見知りて、敵のうつと云うつのうの字のかしらをおさへて、跡をさせざる心、是枕をおさゆる心也。たとへば、敵のかゝると云かの字をおさへ、とぶと云との字のかしらをおさへ、きると云きの字のかしらをおさゆる、みなもつておなじ心なり。敵我にわざをなす事につけて、役にたゝざる事をば敵にまかせ、役に立ほどの事をばおさへて、敵にさせぬやうにする所、兵法の専《せん》也。是も敵のする事を、おさゑん〱とする心、後手也。先《まず》我は何事にても道にまかせてわざをなすうちに、敵もわざをせんとおもふかしらをおさへて、何事も役にたゝせず、敵をこなす所、是兵法の達者、鍛練の故也。枕をおさゆる事、能々吟味有べき也。

武蔵は言う。「とにかく、敵の後手になってこちらが引き回される立場になるのは、絶対によくない」と。

それを避けるには、兵法の道にかなった攻撃を常に心がけることと、常に敵の攻撃の出鼻をくじくことである。

出鼻をくじくことを、武蔵はここで「枕をおさゆる」とか「かしら（頭）をあげさせず」「かしらをおさへて」などと表現する。要は、敵に満足な攻撃をさせないことである。

敵とてバカではない。こちら同様に、先手を取ろう取ろうと仕掛けてくる。ならばこちらは、敵の動きから意図を察知し、打ってくれば止め、突いてくれば抑え、組んでくればもぎ離す。

武蔵は、そのタイミングのつかみ方を、こんなふうにたとえる。敵が「うつ」ときの「う」の瞬間、「かかる」ときの「か」の瞬間、「とぶ」ときの「と」の瞬間、「きる」ときの「き」の瞬間、抑え込んで満足に動作をさせないのである——と。

このたとえはなかなか面白いし、感覚的によく伝わってくるだろう。まさに敵がちょっとアクションを起こした瞬間、どう動くか察して、すぐに対応するのだ。

敵のアクションに合わせた「待ちの対応」ではない。敵のアクションが完了する中途で、そのアクションを〝崩す〟わけである。

ここで武蔵は、さらに高等テクニックを伝授する。

敵の動きの何もかもに対応する必要は、ないのである。敵の攻撃には、やりたいに任せて放っておいても、こちらがダメージを受ける心配のない〝無駄な攻撃〟というやつが、結構あるものだ。それは放っておいて、本当にこちらにダメージを与えそうな攻撃だけを抑えればよい——と。

敵の無駄な攻撃は放っておく。確かにそれが出来れば、様々なメリットがある。まずは、敵が、それだけスタミナを無駄に消耗するわけだ。さらに、攻撃をしているのにこちらがダメージを受けない状況に、敵は焦りや苛立ちを感じてくるだろう。つまりメンタル面でも敵はかえって追いつめられる。

しかし命がけの勝負の中で、眼の前に閃く敵の刀に対して「これは放っておいても大丈夫、これは抑えつける」と、逐一判断できるものだろうか。マァ、武蔵が「出来る」と言うのだから出来るのだろうが、そのためには相当な判断力と、それ以上にかなりの冷静さが必要だ。よっぽど精神力がタフでなければ出来る芸当ではない。

だが、それが出来れば、敵のやること成すことすべて、まったく役に立たなくなる。敵は絶望のうちに敗北に沈むだろう。これぞ「兵法の達者」の勝ち方である。

武蔵の求める勝ちとは、本当に〝完璧な勝ち〟だ。敵を同じ兵法の道を歩む同志と認めて、敵に少しは良い思いをさせてやろうと同情したり、ライバルとして敵の力を讃えたり——と、そんな考えはカケラもない。

だが、だからこそ宮本武蔵は最強だった。本当に勝たねばならない勝負に挑む者は、そうあるべきなのだろう。

敵の出鼻をことごとくじき、何もさせてやらず、完膚《かんぷ》なきまでに叩き潰す。

——そんな勝ちを得なければならないときが、誰の人生にもあるかも知れない。

武蔵の「枕をおさゆる」精神は、そんなとき必要なものである。

とをこすと云事——勝負どころをつかみ、乗り切る

一　とをこすと云事
渡《と》を越《こす》と云は、縦《たとえ》ば、海を渡るに瀬戸と云所もあり、亦は、四十里五十里とも長き海を越《こす》所を渡《と》と云也。人間の世を渡るにも、一代の内には、とをこすと云所多かるべし。舟路にして、其との所を知り、舟の位を知、日なみを能《よく》知りて、友舟は出さず共《とも》、其時の位を受、或《あるいは》ひらきの風にたより、或《あるいは》追風をも受、若《もし》かぜ替りても、二里三里はろかずをもつても、湊に着《つく》と心得て、舟を乗

とり、渡《と》を越《こす》所也。其心を得て、人の世を渡るにも、一大事にかけて渡をこすと思ふ心有べし。兵法、戦《たたかい》の内にも、とをこす事肝要なり。敵の位を受、我身の達者を覚へ、其理を以てとをこす事、よき船頭の海路を越《こす》と同じ。渡《と》を越《こし》ては亦心安き所也。渡をこすと云事、敵によはみをつけ、我身も先になりて、大形はや勝《かつ》所也。大小の兵法のうへにも、とをこすと云心肝要なり。能々吟味あるべし。

勝負というものは、一瞬ですべてが決まるものではない。だが「勝敗を大きく左右した一瞬」が、往々にしてあるものだ。野球のゲームでも「あの一球が、あの一打が勝負の分かれ目だった」などと、よく聞かれる。

つまりは勝負どころである。絶好のチャンスが訪れたとき。最悪のピンチを迎えてしまったとき。それをどう活かし、どう乗り切るか。武蔵はそれを「トを越す」と表す。

武蔵は航海にたとえるのだ。

航海には「瀬戸（セト）」を通らねばならぬときもある。瀬戸とは、両側から陸地が迫った海峡で、潮の流れが激しい。まさに航海上のピンチのポイントである。

また、四十里や五十里（約百六十～二百キロ）という長い航海は、まさに「海を渡る＝渡（ト）」ということだが、そのうちには、追い風というチャンスもあれば、横風という〝利用できるものの出現〟もある。無風というピンチもあるだろう。

追い風は、素直に受ける。横風は、舟をうまく操作して〝頼りになるもの〟に仕立て上げ、舟を順調に進める。無風というピンチに陥れば「自ら櫓を漕ぐ」という努力によって乗り切る。舟の性能や天候を的確に見分け、たとえ「友舟」という仲間がいないとしても、そうやって自分だけの力で海を渡り切らねばならない。

そのたとえのように、人の一生にはきっと「渡を越す」べきポイントが多く出現する。そこに至ったら、全力を尽くして乗り切るのである。

そして、これは兵法のうえでも言える大切な心構えなのだ。戦いの経過には必ず「渡を越す」ときがある。戦っていて「ここだ！　今がこの戦いの『越すべき渡』だ」と悟ったら、敵の状況、自分の得意、兵法の基本を分析し、そこに合った方法を見出して「渡を越す」のである。そのときの自分は、たとえるなら「よき船頭」にならねばならない。

――と、これが武蔵の訴えだ。

六十余度の命がけの戦いから得た、まさに武蔵の実感なのだろう。また、その心がけを航海にたとえたのは、もしかするとあの「巌流島の決闘」の深い思い出が、武蔵にそんなたとえを思いつかせたのかも知れない。

勝負は、渡を越せさえすれば「しめたもの」で、あとは圧倒的に楽になるという。敵の弱みがたちまち顕《あらわ》になって、たいてい勝ちに結びつく。これは一対一の対決でも集団の合戦でも言えることだと、武蔵は主張する。

戦いとは、ただ一本調子で淡々と進むものではない。武蔵の言うように「ここが勝負どころだ！」と思える場面が、どんな戦いにもきっとある。

そこを踏ん張る覚悟とパワーを持って、戦いに臨まねばならない。

けいきを知と云事──敵の士気を見抜く

一　けいきを知《しる》と云事

景気を見ると云は、大分《だいぶん》の兵法にしては、敵のさかへおとろへを知《しり》、相手の人数の心を知り、其場の位を受、敵のけいきを能《よく》見うけ、我《わが》人数何としかけ、此兵法の理にて慥《たしか》に勝《かつ》と云所をのみこみて、先《せん》の位をしつてた、かふ所也。又一分《いちぶん》の兵法も、敵のながれをわきまへ、相手の人柄を見うけ、人のつよきよわき所を見つけ、敵の気色《けしき》にちがふ事をしかけ、敵のめりかりを知り、其間の拍子をよくしりて、先をしかくる所肝要也。物毎の景気と云事は、我智力つよければ、必《かならず》みゆる所也。兵法自由の身になりては、敵の心をよく計《はかり》て勝《かつ》道多かるべき事也。工夫有べし。

敵軍の「景気」すなわち士気を見抜けと、武蔵は説く。

集団の合戦とは、それが〝人間の戦い〟である以上は、部隊の人数とか火器の数とか、そういった単純な物質的な兵力だけで〝本当の戦力〟が測れるものではない。

そこには「士気」という要素がある。やる気、覇気、戦いへの意気込みといったものが、戦力に大きく影響する。精神的な好不調の波が、実際の強弱とつながっているというわけだ。

敵はどのくらい盛り上がっているのか。こんにち的に表すのなら、どの程度のテンションなのか。気分は好調なのか不調なのか。そういった敵軍の集団心理を知ることは、戦全体の状況判断に不可欠なのだ。それによって、自軍をどう動かせば勝ちに結びつけるか、見通しが立つものだと、武蔵は説いている。

この「景気」分析の必要性は、一対一の対決にも当然ある。敵の「流儀」を知ることと同じくらい、敵の人柄や精神的な長所短所を見抜くのは、勝負に重要な判断である――と、武蔵は断言する。敵の調子、テンションの高低を見抜けば、敵のリズムも知れ、敵の裏をかいて先手を取れるのだ――と。

武蔵によれば、物事の「景気」というものは、磨かれた智力があればおのずと見えてくるという。要するに、観察力だ。観察力があれば、敵のあらゆる要素が見抜け、幾らでも勝つための作戦が立てられるというのである。

人の精神的な好不調の波とは、まさにその場そのときで変わるものだ。事前の情報で推測し切れるものではなく、その場そのとき、眼の前の状況で判断するのが一番確かである。無論、そのためには「情報や知識に惑わされず的確に状況を読み取る観察力」が、求められる。

武蔵は、戦いにおける「事前の情報」と「その場の観察」を、いずれ劣らず重視せよ、と教えているのだ。

けんをふむと云事――敵の攻撃を踏みつける意識

一　けんをふむと云事

剣《けん》をふむと云心は、兵法に専《もっぱら》用る儀なり。先《まず》大きなる兵法にしては、弓鉄《てっ》炮《ぽう》におゐても、敵我《わが》方へうちかけ、何事にてもしかくる時、敵の弓鉄炮にてもはなしかけて、其あとにかゝるによつて、又弓をつがい、亦鉄炮にくすりこみて、かゝりこむ時、こみ入がたし。弓鉄炮にても、敵のはなつ内に、はやかゝる心也。はやくかゝれば、矢もつがいがたし。鉄炮もうち得ざる心也。物毎を敵のしかくると、其儘《そのまま》其理を受て、敵のする事を踏《ふみ》つけて勝《かつ》心なり。亦一分の兵法も、敵の打出す太刀のあとへうてば、とたん〳〵となりて、はかゆかざる所也。敵の打出す太刀は、足にてふみ付る心にして、打出す所をかち、二度めを敵の打得ざるやうにすべし。踏《ふむ》と云は、足には限るべからず、身にてもふみ、心にても踏、勿論太刀にてもふみ付て、二のめを敵によくさせざるやうに心得べし。是則《すなわち》物毎の先《せん》の心也。敵と一度にといひて、ゆきあたる心にてはなし、其儘あとに付《つく》心なり。能々吟味有べし。

敵からの攻撃を受けとめ、次にはこちらから攻撃し、また次に敵の攻撃を受けとめ……と、攻守交替してダラダラと戦っていたのではラチがあかない。しかし、戦力が拮抗している場合、得てしてそうした〝循環状況〟に陥り易い。

そんな場合はどうするか。武蔵の決断は、明快である。「敵の攻撃（剣）なんぞ、踏みつけろ」という。

この「踏む」というのは、攻撃中の敵を力づくでねじ伏せる、という意味だ。「攻めてくるなら攻めてこい。こちらは、そこを強引に押さえつける」という迫力をもって進むのである。

武蔵は、集団の合戦について、こう説明している。

敵が、弓や鉄砲で仕掛けてくる。当然、戦の段取りとして、そのあとから敵が突撃して掛かってくる。ということは、敵の弓や鉄砲に対して「ならばこちらも、弓や鉄砲で応戦だ」などと同じことを次にやっていたら、掛かってくる敵をそれで後戻りさせるだけが精いっぱいで、結局は、こちらから敵陣に攻め込むチャンスは得られない。戦いに、何の進展も生まれないのである。

だったら、敵が弓や鉄砲を仕掛けてくるところをいち早く、強引にこちらから突撃してしまえ。突撃が素早ければ、敵もあわてて、満足に弓や鉄砲を使えなくなるものだ。敵の仕掛けはあえて受けるつもりで、突っ込む。これすなわち「敵を踏みつける」ということなのだ。

——と、いやはや、乱暴な教えである。当然ある程度の犠牲は覚悟で、武蔵は説いているのだろう。だが、戦いでダラダラとした一進一退の状況を打破するには、多少の犠牲を出しても、そうした〝乱暴なエネルギー〟に頼るのが一番なのかも知れない。

この「踏む」戦法は、一対一で互いの力が拮抗しているときでも、同じく通用するという。

敵の刀をこちらが受ける。次に、こちらが刀で打って、敵がそれを受ける。これの繰り返しでは、「トタン、トタン」とちっともラチのあかない嫌なリズムの戦いがつづくだけだという。

　ならば、敵の打ってくる刀は〝踏みつける〟のだ。打ってくる刀はお構いなしで、こちらから強引に打ちつける。これで敵を一気に押さえれば、敵は二度めの打ち込みは出来なくなる。

　足で踏む。身体で踏む。心で踏む。もちろん刀でも踏む。つまりは全身全霊で、敵の攻撃をねじ伏せる。この気概が、一進一退の状況を打ち破って、戦いをこちらの先手と変えるのである。

　集団の合戦同様に、これまた何らかの犠牲を覚悟せねばならないだろう。致命傷を負わされるまでとは行かずとも、やはりある程度の傷は受ける覚悟が要る。力が拮抗している者との戦いなのだから、無傷で勝ちを得たいと思うのは、やはりムシが良すぎるということか。

　ただ、強引に攻めるというのは「正面から敵にマトモにぶつかるという意味ではない」と、武蔵は注意している。「敵の成すに任せながらも、敵に取りつくという意味だ」と。

　出来る限り敵の攻撃をよけながらも、それでも敵に近づくことを優先する。ガムシャラに突っ込むのではなく、我慢して突っ込むということだろう。耐える。我慢する。そして攻める。それは決してヤケクソの攻撃なのではなく、冷静な判断による攻撃なのだ。さすが、武蔵の戦いは乱暴に見える場合もやはり、どこまでもクールである。

くづれを知と云事——敵が崩れる瞬間を見逃すな

一 くづれを知《しる》と云事

崩《くずれ》と云事は、物毎ある物也。其家のくづる、、身のくづる、、敵のくづる、事も、時のあたりて、拍子ちがいになりてくづる、所也。大分の兵法にしても、敵のくづる、拍子を得て、其間をぬかさぬやうに追たつる事肝要也。くづる、所のいきをぬかしては、たてかへす所有べし。又一分の兵法にも、戦《たたかう》内に、敵の拍子ちがいてくづれめのつくもの也。其ほどを油断すれば、又たちかへり、新敷《あたらしく》なりて、はかゆかざる所也。其くづれめにつき、敵のかほたてなをさざるやうに、慥《たしか》に追かくる所肝要也。追懸《おいかく》るは直《すぐ》につよき心也。敵たてかへさゝるやうに打はなすもの也。打はなすと云事、能々分別有べし。はなれざればしだるき心有。工夫すべきもの也。

諸行無常。この世に永遠に変わらず栄えつづけるものなどは、ない。どれほど盛んになっているものも、いつか必ず、崩れ滅びていくのである。

……と、いわゆる仏教の「無常」の教えである。

武蔵がはたして、この無常観を念頭に置いていたかどうかは解らないが、とにかく彼は「何事にも〝崩れるとき〟が来る」と、説いている。家が崩れる。身が崩れる。敵が崩れる。何でも、その時期が来れば崩れるものなのだ、と。

だが武蔵は、ここで坊主じみた道徳の説教をしようというのではない。

戦いの最中、敵にそんな「崩れるとき」がやってくる場合がある。それは敵を叩く絶好のチャンスである。そのチャンスを絶対に取り逃さず、そこを一気に攻めろ。

――と、あくまでも戦略に結びつけた教えとして、武蔵は説いているのだ。そして、このことは集団の合戦でも一対一の対決でも同じである、と。

崩れる瞬間とは、やはり「拍子」、リズムの問題である。何かが原因で、敵が戦いのリズムを狂わせ、それが「崩れ」になだれ込んでしまう。そこを、すかさず攻め込む。もしこのチャンスを取り逃すと、敵はふたたびリズムを整えて、盛り返してしまう。

チャンスの取り逃しとは、まさにこちらの「油断」に他ならない。せっかく崩れた敵に、みすみす立て直しの時間を与えてしまっては、勝てる勝負も勝てない。

敵が崩れたら、確実に追い掛けること。一気に力強く叩き潰して、その時点で立ち直れないようにボコボコにしてやるのである。ここで思い切り叩き潰せなければ、結局はグズグズと、だらしなく戦いを長引かせることになる。――と、武蔵は徹底した攻撃を指示するのだ。

それにしても、この教えは、ちょっと表現を変えれば「敵がヨロヨロと弱みを見せたら、そこにつけ込め」と言っているのと同じだろう。「崩れ」とは、敵が十分に実力を発揮できなくなったときだから、そこを攻めるのは卑怯とまでは言わないまでも、ずいぶん冷酷な感じだ。

無論、武蔵に言わせれば「それが悪いか!」といったところである。勝つためには、遠慮するな。躊躇するな。敵への後ろめたさなど感じるな。

これぞ、最強の男・宮本武蔵の言葉なのだ。

敵になると云事——敵の立場になってみろ

一　敵になると云事

敵になるといふは、我身を敵になり替《かえ》て思ふべきと云所也。世中《よのなか》をみるに、ぬすみなどして家の内へ取籠《とりこも》るやうなるものをも、敵をつよく思ひなすもの也。敵になりておもへば、世中の人を皆相手とし、にげこみて、せんかたなき心なり。取籠るものは雉子《きじ》也、打果《うちはた》しに入《いる》人は鷹《たか》也。能々工夫あるべし。大きなる兵法にしても、敵をいへば、つよく思ひて、大事にかくるもの也。よき人数を持、兵法の道理を能《よく》知り、敵に勝《かつ》と云所をよくうけては、気遣《きづかい》すべき道にあらず。一分の兵法も、敵になりておもふべし。兵法よく心得て、道理つよく、其道達者なるものにあいては、必《かならず》まくると思ふ所也。能々吟味すべし。

戦いとは、敵の力量が明らかに自分より下と解っていない限り、あるいは、自分に絶対の自信がない限り、「敵のほうがこちらより強いのではなかろうか」と、ついつい弱気に考えてしまいがちだ。

何も確実な根拠があるわけではない。なのに、敗北の可能性への恐怖から、どうしても敵の強さを、妄想してしまう。「負けるのではないか。自分は弱いのではないか」と、疑心暗鬼にとらわれてしまう。

武蔵は、そんな弱気を、こう一喝する。

それは敵も同じことだ。敵だって、こちらを恐れているのだ。それに気づけば、むしろこちらは強気に攻撃できるではないか——と。

敵になる。すなわち、敵の立場になって考えてみる。すると意外なほど、敵の弱気ぶりが感じ取れる。

たとえば、強盗が家に立て籠ったとする。強盗は、とても恐ろしいものに思える。だが強盗の立場になってみろ。ヤツは家に立て籠った結果、進退窮まって、どうしようも出来なくなり、すっかり弱気になっているはずだ。たとえるなら強盗は「雉」であり、打ち取るために周りを囲んでいる者こそが「鷹」なのだ——と。

確かに、そのとおりだ。敵も自分も同じ人間である。自分に努力した自信があるならば、敵とのあいだにそうそう決定的な力の差など、あるわけもない。「敵は強いに違いない。だから、簡単に攻めるわけにはいかない」などと考えるのは「慎重」と言えば聞こえはよいが、じつは、ただの「臆病」の場合が多い。

だから武蔵は言う。自信を持て、と。

集団の合戦においても「自分は、良い部隊を持ち、兵法を心得ている」と思えるならば、戦う前から敵に恐れを抱くことはない。一対一の対決においても、同じである。

敵と比べてどうこうなのではない。自分に、これまで兵法の努力をしてきた自信が持てるならば、それを察して、敵のほうがきっと「負ける」と感じるものなのだ。そんな敵の気持ちになってみれば、こちらは余裕が生まれて、果敢に敵に挑めるようになる。

結局、重要なのは「自分の努力への信頼」である。それがあればこそ、敵の立場になってみることで「敵は、この俺を恐れているな」と思える。そこに「敵になる」ことの意味がある。

武蔵の「弱気になるな。自信を持て」との励ましには、つづいて「なぜなら、お前は努力してきたのだから」という言葉が、暗に含まれているのだ。

四手をはなすと云事——膠着状態を解く勇気

一　四手《よつで》をはなすと云事

四手をはなすとは、敵も我も同じ心に、はりやう心になつては、戦《たたかい》のはかゆかざるもの也。はりやう心になるとおもはゞ、其儘《そのまま》心をすて、別の利にて勝《かつ》事をしる也。大分の兵法にしても、四手の心にあれば、果敢《はか》ゆかず、人のそんずる事也。はやく心をすてゝ、敵のおもはざる利にて勝《かつ》事専《せん》也。亦一分の兵法にても、四手になるとおもはゞ、其まゝ心をかへて、敵の位を得て、各別《かくべつ》替りたる利を以て、かちをわきまゆる事肝要也。能々分別すべし。

「四手」とは、こんにちではもっぱら相撲用語として使われている。力士双方が両手を差し合って組むことを、「四手」とか「がっぷり四つ《よ》」と表す。

要するに、戦う者同士が同じ程度の力でぶつかり合ってしまった結果、どちらも進めず退けず、どうしようもなくなって膠着状態になってしまうことである。

こうなると、やはり先に退いたほうが負けるように思える。だから互いが互いに、自分から退くわけにもいかず、相手の退くのを待って力を出しつづける。膠着状態はいつまでもつづく。

武蔵は、そんな根比べを誉めはしない。むしろ、そうなったらサッサと「四手を放してしまえ」、つまり自分のほうから膠着状態を解いてしまえ、というのである。

これは、「根負けする」こととは意味が違う。「いったん膠着状態を解いて、即座に別の対応に入れ」というのである。それまでの狙いや方針は捨てて、別のやり方で攻める姿勢にサッと切り替えろ、ということだ。

確かに、どんな戦いにせよ、いったん膠着状態に入ってしまうと、もうどうしたらよいのか判断が出来なくなって、ただ状態を維持するだけにエネルギーを使いつづけてしまう――ということが、よくある。そうなると何の好転も期待できないまま、スタミナをジリジリと失っていくだけとなる。

さらには、「敵より先にギブアップするなんてことが、出来るか！」といった意地が、こうした状態をいたずらに長引かせることも、少なくない。これはもう感情的な発想で、まったく合理的判断とは言えない。スタミナをどんどん失い、結局は自分でかってに倒れてしまうだけである。

武蔵は、そうした結果を何より恐れるのだ。集団の合戦でも、そんな膠着状態の維持は、戦を進められぬまま戦死者の数を重ねるだけだ——と。敵と張り合う気持ちはサッサと捨てて、敵の意表をつく新しい攻め方に切り替えたほうが、勝ちへの道である——と。

人は、いったん決めた方針や攻め方が明らかな失敗となれば、切り替える気持ちにもなれる。だが、一進一退、成功とも言われず失敗とも言われず、状況が進まなくなってしまった場合は、なかなか方針を変えにくい。このまま頑張れば何とかなるのでは……と、甘い予測を立てがちである。

しかし武蔵に言わせれば、膠着状態になった時点で、すでに失敗なのだ。そのまま策も立てずに頑張りつづけても、スタミナをどんどん失うだけだ。だから、すぐに頭を切り替えろ。

——と、武蔵のこの教えは、合理的であり、じつに傾聴に価《あたい》する。

かげをうごかすと云事——敵に誘いをかける

一　かげをうごかすと云事

陰《かげ》をうごかすと云は、敵の心の見えわかぬ時の事也。大分の兵法にしても、何とも敵の位の見わけざる時は、我《わが》かたよりつよくしかくるやうに見せて、敵の手だてをみるもの也。手だてをみては、各別の利にて勝《かつ》事やすき所也。亦《また》一分の兵法にしても、敵うしろに太刀を構《かまえ》、わきにかまへたるやうなる時は、ふつとうたんとすれば、敵思ふ心を太刀に顕《あらわ》す物也。あらはれしるゝにおゐては、其儘利を受て、慥《たしか》にかちしるべきもの也。ゆだんすれば、拍子ぬくるもの也。能々吟味あるべし。

ここで言う「かげ」とは、敵の思惑という意味だ。戦いの中で、敵の思惑がどうにも読めないとき、ならばこちらから、その敵の思惑を「動かす」のである。

敵が、なかなか動いてこない。何を考えているのか解らない。明らかに敵は、考えを悟られないように隠している。だったら、敵が思わず〝自分の考えを見せてしまう〟ような状況に追い込めばよい。それが「かげをうごかす」ということだ。

武蔵に言わせると、それほど難しいことではないという。とにかく、こちらから強硬に打ってみればよい。敵が簡単には受け流せないほど強く打っていけば、敵も、思わず何らかのリアクションに出る。そのリアクションに、敵の考えがさらけ出されるというのだ。

「なるほど、そう動いたか。ということは、こんなことを考えていたんだな」と、敵の思惑に察しがつくわけだ。

一対一の対決のとき、正面ではなく敵が自分の後ろやわきで刀を構えていると、敵がどう出てくるか予測がつかない。そんなときはアレコレ悩む前に、いきなりこちらから打ち込んでやればよい。不意をつかれた敵のリアクションは、敵の考えをさらけ出すものである。それがつかめれば、そこであらためて、敵の思惑に応じた手段を取れる。勝利は、こちらのものである。

要するに、「かげをうごかす」戦法とは「力ずくで敵に誘いをかける」ということだ。この戦法は、リアクションを見て敵の思惑を悟ったら、即座にそれに対応するだけの余力がなければならない。ただガムシャラに全力で突っ込んでも、そのあとの対処が出来ないようでは、何の意味もない。

武蔵はその点を戒めるべく、この戦法では「拍子」を外すな、と注意する。「敵の考えをせっかく察しても、タイミングを逸しては元も子もないから気をつけろ」というのだ。

「とにかく打ち込んで誘いをかける↓敵の出方で思惑を察する↓それに応じた攻撃をする」と、三段構えの攻撃である。体力的にも精神的にも余裕を持てないと、成功する戦法ではない。まさに「強者の戦法」と呼んでよい。

この戦法を使いこなせるぐらいに強くなれるよう、「精進積むべし」である。

かげをおさゆると云事――敵の思惑を押さえつける

一　かげをおさゆると云事
影をおさゆると云は、敵のかたよりしかくる心のみへたる時の事なり。大分の兵法にしては、敵のわざをせんとする所を、おさゆるといひて、わが方より其利をおさゆる所を、敵につよく見すれば、つよきにおされて、敵の心かはる事也。我も心をちがへて、空《くう》なる心より先《せん》をしかけて勝《かつ》所也。一分の兵法にしても、敵のおこるつよき気指《きざし》を、利の拍子を以てやめさせ、やみたる拍子に我勝利《かつり》をうけて、先《せん》をしかくるもの也。能々工夫有べし。

敵が仕掛けてきたとき、その思惑や狙いがはっきりと読み取れるならば、こちらも、それを押さえるように強く打って出る。これが「かげをおさゆる」戦法である。

集団の合戦の場合、向かってくる敵軍に対して、それを避けるのではなく、「そちらの考えなどお見通しだ！」と、逆に撥《は》ね除け、ねじ伏せてやる。それだけの覚悟をもって、真っ正面から受けて立つのである。

すると、こちらの強気の受け身姿勢に敵は圧倒されて、攻撃方法を急に変えようとする。「このまま突っ込んだら、かえってやられる」と、敵がビビってしまうというわけだ。

だが、恐怖から急に戦法を切り替えるような敵に、もはや先手は取れない。こちらが先手を取り、勝利を得られるのである。

一対一の対決でも、敵の狙いが読めたら、こちらはそれ以上に強い調子で打ち込む。敵は気勢をそがれて、狙いを変えようとする。その隙をすかさず捉えて、先手を取る。

――と、このように教える武蔵はおそらく、「こちらが強気に迎えると、得てして敵は恐がり、自ら弱腰になる」という事実に、何度も遭遇したのだろう。だがその事実は、武蔵が「来るなら来い！」と、そのたびに決死の覚悟で敵に挑めたからである。口先だけではない本気の覚悟が、どんな敵も威圧する迫力と鬼の形相を、生み出していたからである。

「解っている敵の攻撃を、あえて受けて立つ」には、それだけの覚悟と迫力がこちらになければいけない。この戦法を堂々と主張できる武蔵の精神的な強さこそを、見習いたいものだ。

うつらかすと云事――油断を装い、敵を油断させる

一　うつらかすと云事

移らかすと云は、物毎にあるもの也。或はねむりなどもうつり、或《あるいは》あくびなどのうつるもの也。時のうつるもあり。大分の兵法にして、敵うわきにして、ことをいそぐ心のみゆる時は、少《すこし》もそれにかまはざるやうにして、いかにもゆるりとなりてみすれば、敵も我《わが》事に受て、気ざしたるむ物なり。其うつり

たるとおもふ時、我方より空《くう》の心にして、はやくつよくしかけて、かつ利を得るもの也。一分の兵法にしても、我身も心もゆるりとして、敵のたるみの間をうけて、つよくはやく先《せん》にしかけて勝所専也《かつせんや》。亦よはするといひて、是に似たる事あり。一つはたいくつの心、一つはうかつく心、一つはよはく成《なる》心、能々工夫有べし。

何人かの人間が一緒にいるとき、一人が眠気を感じてウトウトすると、他の者もいつの間にかウトウトし出す。一人が欠伸《あくび》をすると、他の者も、つい欠伸をする。気分や雰囲気が周囲に移っていく状態である。人の習性として、よくあることだ。

武蔵は、この習性を戦術に活かすのだ。

集団の合戦において、敵軍がいきり立って、すぐにでも攻撃を仕掛けてきそうな、やたら闘争心が激しく燃えているような場合、こちらはわざと、少しも構わないといった雰囲気で、ゆったりと落ち着いて構えているように〝見せる〟のである。

すると、こちらの雰囲気が敵軍に伝わって、敵も気が緩む。闘争心が萎えて、先ほどまでの激しさがウソのように妙に落ち着いてしまう。こちらの雰囲気を「移らかす」ことに成功したわけである。

こちらが油断したように見せて、敵を油断させる。こうなれば、しめたものだ。こちらは本気で油断しているわけではない。いきなり攻撃に切り替えられる。一気に勝ちを得るわけである。

一対一の対決でも、同じことが言える。我が身の動きをゆったりと見せれば、それにつられるように、敵の動きもゆったりとしてしまう。当然、隙が出来る。そこをサッと捉えて、思いっ切り強く打ち、先手を取って勝つ。

早い話、この戦法は「騙し」だ。敵に「騙したなァ！」と、非難されるのは必至である。だが、「それがどうした。騙されるほうが兵法の未熟者なのよ！」と、武蔵は堂々と言って返すだろう。武蔵の兵法は、勝つためなら何でもやる。

この「移らかす」戦術の応用篇として、「酔わせる」戦術というものも、あるという。「退屈する気分」「浮ついて落ち着きのない気分」「弱気になってしまう気分」、これら三パターンの気分に、敵を誘い込むという戦術である。

武蔵は具体的な説明は記していない。が、要は心理戦の駆け引きで、敵に様々なプレッシャーを与え、いたぶる戦術であろう。

パワーで勝負する前に、心理戦・心理攻撃で勝利を引き寄せる。機械の戦いではない、人間の戦いなればこそ、そんな戦術も成り立つ。
現代の様々な交渉事の心構えにも、十分に通ずる武蔵の教えである。

むかつかすると云事——敵の冷静さの奪い方

一　むかつかすると云事
むかつかすると云は、物毎にあり。一つにはきわどき心、二つにはむりなる心、三つには思はざる心、能《よく》吟味有べし。大分の兵法にして、むかつかする事肝要也。敵の思はざる所へ、いきどふしくしかけて、敵の心のきわまらざる内に、我《わが》利を以て先《せん》をしかけて勝《かつ》事肝要也。亦一分の兵法にしても、初《はじめ》ゆるりと見せて、俄《にわか》につよくかゝり、敵の心のめりかり、働《はたらき》に随ひ、いきをぬかさず、其儘《そのまま》利を受て、かちをわきまゆる事肝要也。克々《よくよく》可レ有ニ吟味一也。

「むかつかする」とは「敵をムカムカさせる」、つまり敵の冷静さを奪うということだ。

戦いにあって冷静であることは、何よりも大切だ。ということは、裏を返せば「敵から冷静さを奪ってしまえば、勝利はこちらのもの」ということになる。

武蔵は、敵の冷静さを奪う手として、三つの心理攻撃を提案する。

一つめは、敵に危険を感じさせること。二つめは、敵を、「もう無理だ」とあきらめの気分に引き込むこと。三つめは、敵の予想外の状態を作ってあわてさせ、敵をパニックに陥れることである。

一つめと二つめは、こちらの圧倒的なパワーを見せつけることで、可能となる。こちらの力が大きければ、まずは、それを見せるだけでよい。敵は危険を感じ、恐れてアタフタするか、それともすっかりあきらめムードとなるか。いずれにしろ、戦う前から精神的にダメージを受け、実力の半分も出せなくなるに違いない。こちらの勝ちは、ほぼ確定的である。

この「圧倒的パワーを見せつける」という方法は、言ってしまえばハッタリでもよいわけだ。こちらを実際以上に「強い」と、思い込ませるのである。たとえば、こちらの全勢力をいきなり見せて、しかも「まだ余力がある」かのように振る舞えば、敵はこちらの力を実際以上にあると感じ、こちらに〝呑み込まれる〟

だろう。

こちらの戦力をどう敵に感じさせるか。それによって、どう冷静さを奪うか。

まさに〝戦いの演出〟である。

武蔵は、三つめの方法、「敵の予想外の行動に出てパニックに引き込む」というやり方を、とくに詳しく説明している。

集団の合戦で、こちらが、敵の思いもしないような所へ攻撃を仕掛ける。敵はあわてて応戦し切れない。そこを捉え、先手を打つ。一対一の対決でも、初めはゆったりと構え、と思ったら急に強く仕掛ける。敵が動揺したと見たら、息ぬく間も与えず攻撃をつづけて、戦いを有利に持っていくのである。

武蔵の戦歴でもとくに有名な「吉岡一門との戦い」で、武蔵は数十人の敵に囲まれながら、いきなり吉岡一門の跡取りである少年の又七郎を斬り捨てた。一門は、まさか武蔵が子供を斬るとは思いもよらず、パニックに陥って戦場は混乱した。武蔵はそうして、この戦いを切り抜けた。

まさに、「むかつかする」の三つめの戦術が成功した見事な例だろう。敵の冷静さを奪えれば、自分より戦力の大きい敵が相手でも、勝機をつかめるのだ。

「むかつかする」心理攻撃は、知恵と工夫次第で弱者が勝てる強力な攻撃方法である。冷静さを失った敵は、もはや強者ではなくなっているのだから。

おびやかすと云事——敵をおびえさす効果

一　おびやかすと云事

おびゆると云事、物毎に有事《ある》也。思ひもよらぬことにおびゆる心なり。大分の兵法にしても、敵をおびやかす事、眼前の事にあらず。或は物の声にてもおびやかし、或は小を大にしておびやかし、亦かたわきより不斗《ふと》おびやかす事、是おびゆる所也。其おびゆる拍子を得て、其利を以て勝《かつ》べし。一分の兵法にしても、身を以ておびやかし、太刀を以ておびやかし、声を以ておびやかし、敵の心になき事、与風《ふと》しかけて、おびゆる所の利を受て、其儘かちを得る事肝要也。能々吟味あるべし。

「おびやかす」すなわち、おびえさせる。敵の恐怖心をあおる戦法である。武蔵が心理攻撃を重視するのは、これまでの章でもよく解ることだが、ここではとくに、敵に恐怖心を抱かせる具体策について述べている。

恐怖心とは、得体の知れないもの、理解の範囲を超えるものに対して「逃げたい」と思う心だ。だから、恐怖を呼ぶのは、眼に見える恐ろしい物体だけとは限らない。

武蔵は、恐怖を呼ぶものを書き並べる。

集団の合戦の場合は、まず物の声。全軍で大きな声や音を出して、敵軍を恐れさせる。

あるいは、こちらの小さな兵力を大きく思わせて、恐れさせる。ただし、実際にどうすればよいかまでは、武蔵は説いていない。だが、それはケースバイケースで工夫しろ、ということなのだろう。

たとえば、わずかな軍勢でも横一線に並べて、あたかも後ろにまで大軍勢がひしめいているように見せるとか、一つの部隊を速やかに次々と移動させて、あちらこちらに軍勢がいると思わせるとか、色々と手だてはありそうである。

また、横から不意に襲って、恐れさせること。これには、まずは敵の横に気づかれず近づくことが大事だ。隠密行動である。

一対一の対決の場合も、やはり基本的には同じである。身体ごとぶつかっておびやかし、刀で打ち込んでおびやかし、声を上げておびやかし、いきなり敵の予想外の行動に出ておびやかし……と、とにかく敵に恐怖を感じさせることが大事だ。——と、武蔵は述べている。

恐怖にかられた人間は、もろい。そこを一気につけ込めば、そのまま勝ちを得られると、武蔵は言う。

逆に言えば、敵に対して恐怖を感じてしまったら、それだけで圧倒的に不利になるのだ。戦いにあって、慎重になることは正しいが、恐れることは負けにつながる。勝ちたければ、いかなる恐怖心も払拭する覚悟が必要なのだ。

まぶるゝと云事——からまった状態を維持する

一　まぶるゝと云事
まぶるゝと云は、敵我《てきわれ》手近くなつて、互に強くはりあひて、はかゆかざると見れば、其儘《そのまま》敵とひとつにまぶれあいて、まぶれあいたる其うちに、利を以て勝《かつ》事肝要なり。大分小分《だいぶんしようぶん》の兵法にも、敵我かたわけては、互に心はりあいて、かちのつかざる時は、其儘敵にまぶれて、互にわけなくなるやうにして、其うちの徳を得、其内の勝《かち》をしりて、つよく勝《かつ》事専《せん》也。克々《よくよく》吟味あるべし。

「まぶるゝ」すなわち「塗《まぶ》る」とは、まみれる・からまるといった意味だ。戦いにおいて「まぶるる状況」とは、こちらも敵も間近で押し合い、相手をチヨコチョコと攻めてはいるのだが、くっつき過ぎが災いして、どうにも互いに決定打が出せずにいる――そんな状況である。

これは「四手の状況」とは微妙に違う。四手の状況とは、互いが正面からガップリと組み合っている状況で、身動きが出来ないほどの膠着状態になった場合である。

武蔵は、この四手の状況では「思いきっていったん戦法を切り替えろ」と教えたが（「四手をはなすと云事」）、まぶるる状況では、あえてそのままで居つづけろ、と教える。

敵と絡まるようにくっついたまま、離れるな。そのままの状態を維持して、チヨコチョコと攻めつづければ、いつか有利な戦法が取れるようになり、勝機がつかめるものだ――と。

集団の合戦でも一対一の対決でも、こうした状況では、あえて分かれようとせず、それでいて勝つ方法を見出せ、と武蔵は説明する。

武蔵はなぜ、絡まった状況を解きほぐそうとはしないのか。おそらくは、こちらから絡まった状況を解きほぐす動作は意外と手間の掛かることで、そのため結局は敵のほうが多少なりとも早く、自由に動けるようになってしまう。そこに先手を取られることを、武蔵は恐れるのだろう。

だったらば、むしろこちらが「離れまい、離れまい」と執拗に敵につきつづけ、少しずつでも攻めつづけることで敵の焦りや苛立ちを生む――といった戦略をとったほうがよい。「しつこさ」もまた、心理戦の武器になるのだ。

いかなる状況も、敵の有利になることは避ける。少しでも自分の有利になるように工夫する。――そんな武蔵の基本コンセプトによって導き出されたのが、この「まぶるゝ」戦術である。

かどにさわると云事――敵の急所を狙うピンポイント攻撃

一 かどにさわると云事
角《かど》にさわると云は、物毎つよき物をおすに、其儘直《すぐ》にはおしこみがたきもの也。大分の兵法にしても、敵の人数を見て、はり出《だし》つよき所のかどにあたりて、其利を得べし。かどのめるに随ひ、惣もみなめる心あり。其める内にも、かど〳〵に心得て、勝利《かつり》を受る事肝要也。一分の兵法にしても、敵の躰のかどにいたみをつけ、其躰少《すこし》もよはくなり、くづる、躰になりては、勝事《かつ》やすきもの也。此事能々吟味して、勝所《かつ》をわきまゆる事専《せん》也。

強大な敵と対するとき、真っ正面から打ち掛かっていっても、容易に勝てるものではない。打ち掛かるべきポイントがあるわけで、それを武蔵は「角」と表している。つまり、敵の急所である。

集団の合戦では、敵の中でもとくに突出した強い部分（部隊）が見出せたら、それが「角」だという。こちらは、そこだけに攻撃を集中する。勢力というのは、突出部分をくじけば全体が弱まるものだ。

さらには、残った敵軍の中で次に強そうな部隊、すなわち「次の突出部分」を集中的に狙う。そしてまた、次の突出部分を……というように、次々と急所を狙ってピンポイント攻撃を掛けつづける。敵軍は、どんどん勢いが弱まり、こちらの勝利は確実になっていく、という段取りである。

一対一の対決でも同じで、強い敵には、敵の身体の「角」をまず狙え――と、武蔵は説いている。敵の「角」に傷を負わせれば、敵は俄然弱まり、かってに崩れていく。そうすれば勝ちは我がものだ、と。

この場合の敵の「角」とは、腕か、それとも足か。敵によって違うだろう。腕力自慢の敵なら腕だろうし、素早い動きが身上の敵なら、足になる。「角」とは敵の突出部分、すなわち、とくに優れた部分、敵にとって〝自慢の部分〟のことなのだから。

つまりこの戦法は、単純に「弱点を狙え」といった教えとは、やや違う。むしろその逆で、敵の強い部分、敵の強さを支えている部分、すなわち「じつは、もっとも攻撃が難しい部分」を狙え。――と、武蔵は訴えているのである。

確かにその攻撃が成功すれば、実際に敵の戦力は一気に激減するだろうし、敵の心理に与えるダメージも大きかろう。強大な敵相手に速やかな勝ちを得る、効率的な発想である。

しかし、攻撃の難しさを考えれば、かなりの度胸が必要だ。イチかバチかの賭けとも言える。

武蔵はあえて、そんな戦い方を提唱しているのである。強い敵に挑むには、度胸が大きな武器となるのだ。

うろめかすと云事――敵を狼狽させる

一　うろめかすと云事

うろめかすと云は、敵に慥《たしか》なる心をもたせざるやうにする所也。大分の兵法にしても、戦《たたかい》の場におゐて、敵の心を計《はかり》、我《わが》兵法の智力を以て、敵の心をそこ爰《ここ》となし、とのかうのと思はせ、おそしはやしと思はせ、敵うろめく心になる拍子を得て、慥に勝所《かつ》を弁《わきま》ゆる事也。亦一分の兵法にして、我《われ》時にあたりて、色々のわざをしかけ、或は打《うつ》と見せ、或はつくとみせ、又は入こむと思はせ、敵のうろめく気ざしを得て、自由に勝所《かつ》、是たゝかいの専《せん》也。能々吟味あるべし。

これもまた、心理攻撃の一つである。

「うろめかす」とは〝確かな心〟を敵に持たせない戦術である——と、武蔵は言う。落ち着き、冷静さ、じっくり考えるゆとり。そうした心理を敵から奪うということだ。

そのためには、こちらが色々と動いて見せることである。集団の合戦のとき、敵軍がこちらを見て「そこか、ここか。ああか、こうか。遅いのか、早いのか」と迷い、アタフタとうろたえるように、自軍を動かすのである。

敵が混乱し、狼狽すれば当然、隙が出来る。そこを捉えて攻め、確実な勝利に結びつけるというわけだ。

一対一の対決の場合も、タイミングよく色々な技を仕掛ける。打つと見せ、突くと見せ、入り込んでいくと思わせ、敵がこちらの意図を測りかねて狼狽するように、動くのである。

そして、いよいよ敵がうろたえ、完全にペースを崩したと見たら、一気にそこにつけ込んで打ち倒す。これぞ極意である。

集団の合戦にしろ、一対一の対決にしろ、この「うろめかす」動きは、敵に「何を狙っているのか解らない」と混乱させることこそが、唯一の狙いである。ということは、動きの一つ一つに明確な合理性がなくてもよいわけだ。「いったい何をするつもりなんだ?」と、敵が混乱すれば、それで目的達成だ。その動き自体に、攻撃の大きな有効性がなくてもよい。その点は、割り切って考えねばならない。

だが戦いの前に、敵がこちらをすっかり見下し、侮っていたのでは、この戦術は通用しないだろう。色々動いても、敵に「勝てないと解ってヤケクソになったか」と思われるのが関の山。敵の混乱など、とても呼び寄せられない。

この戦術が通用するのは、敵がこちらの力量を十分に認めている場合である。こちらの動きを見て、敵が「彼ほどの者がやっている動きなのだから、きっと何か深い意味があるはずだ」と、まず思ってくれないことには、敵を狼狽、混乱した状態には持っていけない。

自分にそれなりの実力が備わり、他人がそれを認めて、初めて通用する。そんなことは、この「うろめかす」戦術に限らず、人間社会で様々にあるだろう。

やはり、まずは自分を磨くことを忘れてはならない。

三つの声と云事——声を張り上げる効果

一　三つの声と云事

三つのこゑとは、初中後の声といひて、三つにかけ分る事也。所により、こゑをかくると云事専《せん》也。声はいきをいなるによつて、火事などにもかけ、風波にもかけ、声は勢力を見する也。大分の兵法にしても、戦より初にかくる声は、いかほどもかさをかけて声をかけ、亦戦ふ間の声は、調子をひきく、底より出る声にてかゝり、かちて後、跡に大きにつよくかくる声、是三つの声也。又一分の兵法にしても、敵をうごかさん為、打《うつ》と見せて、かしらよりゑいと声をかけ、声の跡より太刀を打出すもの也。又敵を打てあとに声をかくる事、勝《かち》をしらする声也。是を先後《せんご》の声と云。太刀と一度に、大きに声をかくる事なし。若《もし》戦の内にかくるは、拍子にのるこゑ、ひきくかくる也。能々吟味あるべし。

武蔵は、万事に「大きく声を張り上げる」ことを重視する。声を出すことで、勢いがつくという。自分自身を鼓舞する。気持ちを引き締める。そういったメンタル面の効果を、求めるのである。

だから、武蔵は「火事のとき、あるいは風や波に向かって、声を張り上げよ」と教える。声を出したからといって、火事が消えるわけはない。だが、それによって自分の気持ちが高まる。消火活動に気合いを入れられる。また、風や波に向かって大声で叫べば、「大自然にも負けないぞ」といった気持ちの引き締めになる。

集団の合戦で声を出すには、経過に合わせて三パターンの発声があるという。

第一。合戦の始まり。とにかく出来る限り大きく声を張り上げる。この場合は、敵を威圧するという実際上の効果も、いっしょに期待できる。

第二。合戦の途中。腹の底から出すように、調子の低い声を出す。武蔵によると、これは戦いのリズムを維持するためだという。言い換えれば、集中力の維持だろう。

第三。合戦に勝った後。大きく強く、声を出す。「勝どきをあげる」という行為である。勝利の歓喜の声を上げるのだ。

これが合戦における「三つの声」だと、武蔵は説いている。

一対一の対決の場合にも、声を出すことは重要だ。打つ直前に「えいっ」と声を掛け、敵をビクッとさせて、そこを打ち込むのである。だから、打ち掛けると同時に声を掛けることはない。声を出して、打つ。この二拍のリズムである。

そして、やはり勝ったあとにも声を上げて、我が勝利を宣言する。武蔵はこの二つの声を「先後の声」と呼んでいる。

武蔵が戦いの中ではたしてどんな声を出していたのか、それは解らない。たとえば「キエーッ」とか「ウォーッ」などと、言葉になっていない奇声だったのか。それとも「行くぞー」とか「コノ野郎！」というような言葉を叫んでいたのか。

いずれにしろ、我々現代の人間には、そんな大声を張り上げる機会は、めったにない。だが武蔵の言うとおり、発声には「自分を鼓舞するパワー」がある。たまには、思いっ切り声を出してみたいものである。

まぎる〻と云事――攻撃相手を素早く転換させる

一　まぎる〻と云事

まぎる〻といふは、大分《だいぶん》の戦《たたかい》にしては、人数を互にたて合《あい》、敵のつよき時、まぎる〻といひて、敵の一方へか〻り、敵くづる〻と見ば、すて〻、又つよき方々へか〻る、大形《おおかた》つゞらおりにか〻る心也。一分《いちぶん》の兵法にして、敵を大勢よするも、此心専《せん》也。方々をかたず、方々にげば、亦つよき方へか〻り、敵の拍子を得て、よき拍子に左みぎと、つゞらおりの心におもひて、敵の色を見合てか〻るもの也。其敵の位を得、打とをるにおゐては、少《すこし》も引《ひく》心なく、つよくかつ利也。一分入身《いりみ》の時も、敵のつよきには、其心あり。まぎる〻と云事、一足も引《ひく》事をしらず、まぎれゆくと云心、能々分別すべし。

敵がこちらより大軍勢の場合の戦い方である。

当然、一度に敵全体を攻めることは出来ない。となれば、前述の「かどにさわる」戦法で、敵の突出している一部隊に、まず攻撃を仕掛ける。

問題なのは、そのあとだ。

その敵の一部隊がこちらの攻撃に押されて崩れたら、どうするか。ついつい嵩にかかって、その敵に一層の攻撃を仕掛けたくなるのが人情だろう。だが、敵はその一部隊だけではない。調子に乗って、別の部隊に注意を払わなくなれば、別の部隊にやられてしまう。

だから武蔵は、「いったん崩れた敵部隊からはサッサと離れ、深入りするな。それよりも次の強そうな部隊への攻撃に、切り替えろ」と教える。

大軍勢を相手にしている場合、一部隊ごとに徹底的にとどめを刺すつもりでいたら、手間が掛かり過ぎて、結局はやられてしまう。それよりも、こちらに仕掛けては離れ、あちらに仕掛けては離れ……と、そんな攻撃を繰り返すことで、敵全体を徐々に弱体化させるのが、勝利につながる戦い方なのである。

いわば「ジグザグに動いて戦う」というわけだ。武蔵はこれを、敵に「まぎる、(紛るる)」戦い方と呼び、また「つづら折」の戦い方と呼ぶ。

ちなみに、「つづら折」とは、ジグザグになっている山路を指す。つづら籠《こ》を編む材料になる植物のつるがジグザグに絡まっている姿から、生まれた言葉である。

一人で多人数を相手に戦うときも、この心がけで挑むのである。一方に仕掛けて相手が逃げ出したら、その敵は追わず、次の相手に仕掛ける。左の敵へ、右の敵へ……とリズムよく、「つづら折」で仕掛けつづけるのだ。

このとき、こちらは決して引いているわけではない。逐一とどめを刺さないからといって、逃げていることにはならない。「次から次へと絶えず攻めつづける心」を持つことが、重要なのである。

この心構えは一対一の対決でも、敵がことに強い場合に、生かされる。攻めては、いったん離れ、攻めては、いったん離れ……と、ジワジワと攻撃を繰り返す。これで、強い敵も徐々に弱まっていくというわけだ。この場合も、決して気持ちだけは「逃げ」になってはならない。

現代でも何事によらず、ついつい調子に乗って深入りし過ぎ、別の所から足元をすくわれるということは、よくある。武蔵の教えは、そんなミスを戒める言葉としても読み取れる。

ひしぐと云事――弱い敵は、徹底的に叩き潰す

一　ひしぐと云事

ひしぐと云は、縦《たとえ》ば敵よはく見なして、我つよめになつて、ひしぐと云心専《せん》也。大分の兵法にしても、敵小人数のくらいを見こなし、又は大勢也《なり》とも、敵うろめきてよはみつく所なれば、ひしぐといひて、かしらよりかさをかけて、おつぴしぐ心なり。ひしぐ事よはければ、もてかへす事あり。手の内ににぎつてひしぐ心、能々分別すべし。亦一分の兵法の時も、我手に不足のもの、又は敵の拍子ちがい、すさりめになる時、少《すこし》もいきをくれず、目を見合《みあわせ》ざるやうになし、真直《ますぐ》にひしぎつくる事肝要也。少もおきたてさせぬ所、第一也。能々吟味有べし。

「ひしぐ（拉《ひし》ぐ）」。押しつけて潰す、という意味だ。敵が自分より弱いと見て取ったら、いっさい遠慮するな。一気に、徹底的に叩き潰せ――という教えである。

集団の合戦で、敵軍が自軍より明らかに少人数のとき、または、多勢とはいえ弱気になっていると見て取れたとき、何も遠慮することはない、押し潰してしまえ――と、武蔵は躊躇なく提言する。

むしろ、つまらぬ遠慮や同情から攻撃の手を緩めると、「なんだ。相手もたいしたことないじゃないか」と、敵に妙な自信を持たせ、盛り返すチャンスを与えてしまう。戦いでは敵への同情や遠慮は、仇《あだ》になるだけである。

一対一の対決でも、敵が明らかに未熟だったり、オドオドして逃げ腰だったりしたら、遠慮無用で息もつかせず一気に叩き潰す。ただし、このとき「眼を見合わせるな」と、武蔵は注意を与えている。

すがって命乞いを求めるような敵の哀れな眼つきを見てしまったら、攻撃の決意がにぶるからだろうか。実際、武蔵は、戦う前から勝負のついているような弱い敵と、行きがかり上剣を交えねばならぬ場合もあったろうし、そんな哀れな敵でも斬らねばならなかったのだろう。

そんなときの後味の悪さが、かえって、これほどに非情な教えを武蔵にさせているのかも知れない。「弱い敵にでも全力でぶつかる覚悟がなければ、兵法者は生き残れない。俺は正しかったのだ」と、自分で自分に言い聞かせたくて……。

武蔵は最後に「少もおきたて（起き立て）させぬ所、第一也」すなわち、「敵にわずかでも立ち直る可能性が残らないよう、完璧に潰すことが第一だ」と、断言している。敵への哀れみから戦いの手を抜いて、あとで手痛いシッペ返しを喰ったことが、あるいは武蔵にあったのかも知れない。

敗北がそのまま死を意味する命がけの戦いでは、やはり非情になることが必要なのだ。現代の我々でも、それほど切羽詰まった戦いの渦中に放り込まれることが、はたしてあるだろうか。

さんかいのかわりと云事――攻撃パターンを変える工夫

一　さんかいのかわりと云事
山海《さんかい》の心と云は、敵我たゝかいのうちに、同じ事を度々《たびたび》する事悪き所也。同じ事二度は是非に及ばず、三度するにあらず。敵にわざをしかくるに、一度にてもちいずば、今一つもせきかけて、其利に及ばず、各別《かくべつ》替りたる事を、はっとしかけ、それにもはかゆかずば、亦各別の事をしかくべし。然《しかる》によって、敵山と思はゞ海としかけ、海と思はゞ山としかくる心、兵法の道也。能々吟味有べき事也。

仕掛けた攻撃がうまく行かない。もう一度繰り返す。やはり、うまく行かない。さらにもう一度繰り返す……。

それはダメだ、と武蔵は言う。同じ攻撃を二度繰り返すのは、ある意味でやむを得ない。だが、三度までするものではない。

武蔵によれば、攻撃は同じことの繰り返しだと、二度めのほうが一度めより効果が薄れているものだという。ということは、一度うまく行かなかったものを、さらに薄い効果でもう一度やるのは、すでにその時点で、効率の悪い攻撃なのである。

それでやはりダメなら、その攻撃は、もはやあきらめるべきだ。二度やってダメなものが、ますます効果の薄まる三度めに成功することは、まず、ない。

戦いに限らず、現代の様々な場面にも通じる教えではなかろうか。

仕事でも、あるやり方がうまく行かないとき、それでも同じように繰り返してしまうことが、よくある。だが、それは本当に「次こそ大丈夫だ」という確信を持って、繰り返しているのだろうか。意地になっていたり、他に手だてが思い浮かばず焦っていたりして、冷静さを欠いた気持ちで繰り返しているのではないだろうか。

武蔵は、そうした愚かな繰り返しを否定するのである。攻撃は、一回ごとに違った仕掛けをするつもりで挑め。一度うまく行かなかったら、次には別の仕掛けをするつもりで行け——と。

敵に対して「山と思ったら海、海と思ったら山」と、次々に意表をつくような、そんな攻撃のバリエーションの変化を心がけるのである。この心構えをして「さんかいのかわり（山海の変わり）」と呼ぶ。

瞬時の発想の切り替えが、勝利を呼び寄せるというわけだ。柔軟でアイデア豊富なアタマでなければ、出来る芸当ではない。そんなアタマを持てるよう、日々努力したいものである。

そこをぬくと云事――敵に、心底ダメージを与える

一　そこをぬくと云事

底を抜《ぬく》と云は、敵とたゝかふに、其道の利を以て、上は勝《かつ》と見ゆれ共《ども》、心をたへさゞるによつて、上にてはまけ、下の心はまけぬ事あり。其義におゐては、我俄《にわか》に替《かわり》たる心になつて、敵の心をたやし、底よりまくる心に敵のなる所、見る事専《せん》也。此底をぬく事、太刀にてもぬき、又身にてもぬき、心にてもぬく所有、一道《ひとつみち》にはわきまへべからず。底よりくづれたるは、我心残すに及《およば》ず。さなき時は、のこす心なり。残す心あれば、敵くづれがたき事也。大分《だいぶん》小分《しょうぶん》の兵法にしても、底をぬく所、能々鍛練あるべし。

悪役に負けたヒーローが、努力して次の戦いでリベンジを果たす。――昔ながらの大衆ドラマなどで、よくあるパターンである。

武蔵は我が身を、この場合の「ヒーローに倒される悪役」の立場として、捉える。

一度の戦いで表面上は勝ったとしても、もし敵に、「次は負けない」とまだ心の底に闘志が残っていたとしたら、どうだろう。敵は次には一層強くなって、自分に挑んでくるだろう。そんな可能性を残していては、本当に勝利したとは言えない。

勝ったあとでも、敵に闘志が残っていると見えたら、こちらも勝利に酔いしれる気持ちを素早く切り替え、さらなる攻撃を加えるのである。敵がリベンジする気など起こさぬよう、徹底的に心の底の底まで、ブチのめし、叩き潰す。そこまでやって、「確かに二度とこの敵は立ち直れない」と見届けて、初めて本当に勝ったと言える。

――と、武蔵はここまでエゲツない勝利を求める。これが「底を抜《ぬく》」心構えである。

底を抜くには、刀でも抜き、身体でも抜き、心でも抜く。敵を本当に心底から潰せたかどうかは、そう簡単には見分けがつくものではない。だからこそ、あらゆる攻撃の手を尽くすのだ。

そうして完全に敵を心身ともに叩き潰せたら、もう不安を残すことはない。だが、敵に闘志が残っている可能性が少しでもあるのなら、まだまだ警戒を忘れてはならない。闘志がわずかでも残っていれば、敵はいつ盛り返すか解らないからだ。

この心がけは、集団の合戦でも一対一の対決でも、まったく同じである。

――と、いやはや厳しい教えだ。負けた敵をなお攻めることは、よく「死者を鞭打つ」などと表して、残酷な仕打ちと非難されるものだ。

が、武蔵に言わせれば「表面は負けていても、その敵が本当に『死者』となっているのかどうか解らないではないか。闘志が残っているうちは、どれほど傷ついていても『生者』なのだ」といったところなのだろう。

敵の反撃する気を完全に摘み取らなければ、未来に敗北が待っているかも知れない。戦い終わった敵に「次も戦おう」とエールを送るなんて甘っちょろいことをしていたのでは、とても長生きは出来ない。

――と、武蔵のこうした発想は、毎日毎日が命がけの戦いにさらされている者でなければ、そうそう持ち得ないものである。

もし、ここまで武蔵を見習わねばならないのだとしたら、あまりにも厳し過ぎる話だろう。だが現代の生活にも、この武蔵の教えはまったく不要だとは、言い切れまい。

あらたになると云事——方針を素早く切り替える

一　あらたになると云事

新《あらた》に成《なる》とは、敵我たゝかふ時、もつるゝ心になつて、はかゆかざる時、わが気を振捨《ふりすて》て、物毎をあたらしくはじむる心に思ひて、其拍子を受て勝をわきまゆる所也。あらたに成《なる》事は、何時も敵と我きしむ心になると思はゞ、其儘《そのまま》心を替《かえ》て、各別《かくべつ》の利を以て勝べき也。大分の兵法においても、あらたに成と云所、わきまゆる事肝要也。兵法の智力にては、忽《たちまち》見ゆる所也。能々吟味あるべし。

戦いがもつれて、どうにも決着がつきそうにないと思われたときは、それまでの狙いや方針を捨てて、新たに戦い始めるつもりで、気持ちを仕切り直せ。——と、武蔵はここで述べている。

「四手をはなすと云事」で述べた内容とだいたい同じことを、繰り返しているわけである。いわば「戦う心のリセット」だ。

自分と敵が軋《きし》み合う状態になったとき、それが方針転換の時期である、と武蔵は言う。

軋むとは、硬いものどうしが強くこすれ合ってギシギシと音を出す状態のことだ。つまり、まさに互いの刀がこすれ合い、互いに動けなくなった鍔迫《つばぜ》り合い状態を、まずは指しているのだろう。

また、「集団の合戦の際も同じである」と武蔵は述べている。これは、軍勢が敵味方とも動くに動けない睨み合いの状態になった場合を、指している。そうなったら、こちらから先に動け。睨み合いを捨てて、攻め方を変えろ。——と、武蔵は言っている。

それにしても重要なのは、動くタイミング、方針を切り替え攻め方を新たにするタイミングである。膠着状態というのは、「先に根負けして動いたほうが負け」という場合も、往々にしてある。互いにそれが恐くて、なかなか動けないものだ。

武蔵はしかし、「兵法の智力」をもってすればタイミングは容易につかめるものだと、不安は示さない。「智力」とは言うが、これは感覚的なものだろう。経験を積むことで感覚が磨かれ、膠着状態を切り替えるアクションに絶好のタイミングが、パッとつかめるようになるということだ。これは「根負けのあげくに動く」ことは、明らかに違う。

タイミングさえ間違えなければ、敵につけ込まれず、攻め方の切り替えに成功する。逆に言えば、度胸や勢いだけでは成功するものではない。

絶好のタイミング。チャンスの瞬間。何事にもあるものだ。それを捉える鋭い感覚を磨くことは、現代の我々にも必要だろう。

そとうごしゆと云事――ネズミの頭、ウシの首

一　そとうごしゆと云事
鼠頭午首《そとうごしゆ》と云は、敵と戦《たたかい》のうちに、互にこまかなる所を思ひ合《あわせ》て、もつるゝ心になる時、兵法の道をつねに鼠頭午首〳〵とおもひて、いかにもこまかなるうちに、俄《にわか》に大きなる心にして、大小にかわる事、兵法一つの心だて也。平生《へいぜい》人の心も、そとうごしゆと思ふべき所、武士の肝心也。兵法大分小分《だいぶんしょうぶん》にしても、此心をはなるべからず。此事能々可レ有ニ吟味一者也。

「鼠頭午首《そとうごしゅ》」。ネズミの頭とウシの首。頭はチマチマと小さく、首はドッシリと太い。「眼の前には些細な問題が見えているが、その後ろには、もっと大切な大局・物事の全貌が、ある」という意味を込めた言葉である。

眼の前でウロチョロしている目障りな敵の細部にばかり気を取られ、いちいちそんな部分への攻撃ばかりにこだわっていると、戦いの大局や敵の全貌が見えなくなる。そんなときは「鼠頭午首、鼠頭午首……」と自分で自分に言い聞かせ、気持ちを大きく持ち、戦いの大局に思いを馳せろ。

――と、これが武蔵の教えである。

武士たる者、集団の合戦、一対一の対決、いや、そればかりではなく、日常においても「鼠頭午首」の精神は大切である――と、武蔵は述べる。常に物事の全体像を考え、そのうえで眼の前の問題に対処せよ。その場逃れの取り繕《つくろ》いを重ねるだけでは、問題の根本は解決しないのだ――と。

「鼠頭午首、鼠頭午首……」。心の中でつぶやくべき大切な言葉を、我々はここで、武蔵から教えてもらったようだ。

しやうそつをしると云事——大将は兵卒の心を知っている

一　しやうそつをしると云事

将卒《しようそつ》を知《しる》とは、いづれも戦に及《およぶ》時、わが思ふ道に至ては、たへず此法をおこなひ、兵法の智力を得て、我《わが》敵たるものをば、皆我卒《わがそつ》成りとおもひとつて、なしたきやうになすべしと心得、敵を自由にまわさんと思ふ所、我は将也、敵は卒なり。工夫あるべし。

将、卒を知る。——大将たるもの、兵卒（部下）の気持ちは解っていて当然だという意味である。

だったら、敵をまるごと自分の部下だと思ってしまえ。自分が、気持ちのうえで〝敵軍の大将〟となってしまうのである。その立場で考えてみれば、敵軍の動きなど手に取るように解る。いや、さらに一歩進めて、敵軍さえも自分の思うがままに動かす。

——と、これが兵法の「将、卒を知る」の極意だと、武蔵は説く。

思いきった発想の転換である。自分が敵の大将なら、部下（敵軍）をどう捉え、どう使い、どう（こちらに）攻めるか……。それを突き詰めて考える。考え至れば、敵軍の動きなど初めから解っているのと同じだから、「俺の思いどおりに敵が動いている」と思える。的確な対処法も容易に準備できて、勝利はこちらのものである。

ここで重要なのは、心底から「敵の大将＝自分を倒そうとする者」に空想のうえで成りきる、ということだろう。言い換えるならば、決して「自分に都合よく倒される敵」を想定してはならない、ということである。

だが、人間ついつい万事に、自分に都合よく物事が動くと考えがちだ。期待と予測が混ざってしまうのだ。

武蔵はきっと、その点も留意しているに違いない。最後の一言「工夫あるべし」には、そうした忠告の意味も、含まれていることだろう。

つかをはなすと云事——戦いの中で刀を手放すとき

一　つかをはなすと云事

束《つか》をはなすとゆふに、色々心ある事也。無刀にて勝《かつ》心あり、又太刀にてかたざる心あり。さまぐ〳〵心のゆく所、書付るにあらず。能々鍛練すべし。

武蔵は、奇妙なことを言っている。

「刀の柄《つか》を手放すという行為には、様々な意味がある」と。

戦いの最中に刀を手放す。それでも勝てる場合がある。逆に、刀をしっかり持っていながら負ける場合もある。

どういうことか。だが武蔵は、「くわしいことは書けない」と、これ以上の説明をしていない。

武蔵はリアリストである。彼にとって、勝負は勝つことだけが目的だ。だから刀も、そのためだけの道具でしかない。刀に美術性や精神性などは、求めない。「刀は武士の魂だ」などといったフレーズは、武蔵にとっては無意味なのである。

だからなのだろう。いざとなったら勝つために刀を捨ててもよい、と武蔵は言いたいのだ。折れた刀、刃こぼれした刀、血粘で斬れなくなった刀……。そんなものを後生大事に抱えているぐらいだったら、素手で敵をブン殴るほうが、まだ勝ちに結びつく。

実際、武蔵が、あの「巌流島の決闘」で使った武器は、舟の櫂《かい》を削った自家製の無骨な木刀だった。それで、宿敵・佐々木小次郎を粉砕したのである。武蔵は、刀そのものには決してこだわりを見せない剣豪だった。

刀に限らずとも、道具に使用目的を超えた価値、すなわち美術的価値やコレクション性を求めることは、人の心理としてよくある話だ。現代に限ったことではない。武蔵の時代にも、刀剣や鎧兜が美術品として珍重されることはあったし、茶器などは、当時から「茶を飲む」という目的を超えた美術品として、やたら高価に扱われていた。

それは、それで一つの文化である。だが、武蔵にとって刀は、やはり戦いの武器であり、それ以上でもそれ以下でもない。

現実の目的からずれた道具へのこだわりというものを、武蔵は否定する。この「柄をはなす」教えには、そんな意味が込められている。

いわをのみと云事――岩のごとく堅固であれ

一　いわをのみと云事
岩尾《いわお》の身と云事、兵法を得道して、忽《たちまち》岩尾のごとくに成て、万事あたらざる所、うごかざる所、口伝。

右書付る所、一流剣術の場にして、不レ絶《たえず》思ひよる事而已云顕し置物也《のみいいあらわおく》。今初而《はじめて》此利を書記《かきしるす》物なれば、あと先とかきまぎる、心ありて、こまやかにいひわけがたし。乍レ去《さりながら》、此道をまなぶべき人の為には、心しるしに成べきもの也。我《われ》若年より以来、兵法の道に心をかけて、剣術一通りの事にも手をからし、身をからし、色々様々の心に成り、他の流々をも尋見《たずね》るに、或は口にていひかこつけ、或は手にてこまかなるわざをし、人目に能《よき》やうに見すると云ても、一つも実《まこと》の心にあるべからず。勿論かやうの事しならひても、身をきかせならひ、心をきかせつくる事と思へども、皆是《これ》道のやまひとなりて、後々迄もうせがたくして、兵法の直道《じきどう》世にくちて、道のすたるもとい也。剣術実《まこと》の道になつて、敵とた、かひ勝《かつ》事、此法聊《いささか》替《かわる》事有べからず。我兵法の智力を得て、直《すぐ》なる所をおこなふにおゐては、勝《かつ》事うたがい有べからざるもの也。

正保二年五月十二日　　　　新免武蔵

寺尾孫丞殿

寛文七年

二月五日　　　　寺尾夢世勝延（花押）

山本源介殿

「火之巻」最後の教えである。「いわをのみ（巌の身）」を目指せ、という。兵法の道を心得た者は、岩のようになる。硬く、どんな敵の打ち込みにも耐えられる。そして、いかなる状況の変化にも動揺せず、動じない。

武蔵の説明は、これだけである。そして「口伝」の一言。直接に手取り足取り指導せねば、この教えは伝えきれないという。

イメージとしては、何となく解るだろう。もちろん、実際に身体が岩のように硬くなるという意味では、ない。精神の問題だ。戦いのあらゆる状況に耐え、常に冷静さを失わない、完成した心構えである。「水之巻」に述べられてきたあらゆる教えを習得した者は、おのずから、この「巌の身」になれると、武蔵は、この短い文面で訴えているのだ。

……と、ここで「火之巻」の内容は、おわりとなる。

武蔵は最後に、この巻のまとめとして、自分の兵法観を述べる。まずは、次のような反省を示す。

右に書きつけてきたことは、我が「二天一流」の剣を握るとき常にアレコレ思い当たる内容を、示してきたものだ。このように書き記したことは初めてなので、前後が混乱したり、十分に細やかな説明になっていなかったりと、不完全な文章である。しかし、それでも兵法を志す者には、心の拠り所となる内容になっているはずだ。

——と、書いた武蔵本人も、やはり『五輪書』の読みにくさ、解りにくさを感じていたようだ。だが、自分の書いた文章を、これだけはっきりと客観視できる眼を持っていることは、それだけでも立派である。

そして、読みにくい文章でも、あえて書かずにはいられなかった自分の想いの丈を、武蔵は次のように熱っぽく語るのだ。

自分は若い頃から兵法を志し、剣術については一通りのことに努めてきた。技術の習得、体力の鍛錬、精神の修養、すべてである。

そんな中で、他流派の剣法を尋ね見聞してきたが、口先でもっともらしい理屈をこねるだけの流派、小手先の器用なテクニックを自慢気に示すだけの流派、シロウト眼に見栄えのよい派手な動きをして人々をごまかしている流派……と、真実の兵法を伝えるものは、一つも見出せなかった。

もちろん、彼らもそれなりの鍛錬はしていて、シロウトよりは剣を使えるだろう。だが、あんなことをして兵法者を気取っている連中を放っておいては、兵法そのものの害になる。兵法の道が朽ちて、この国から剣の道が滅びる原因となってしまう。

――と、武蔵は当時すでに、兵法そのものが絶滅の危機にある、と感じていたらしい。ならば、真の兵法を守らねばならぬ。残さねばならぬ。そうした使命感が、この『五輪書』を書かせたのだと、武蔵は切実に訴える。

そして、「では、真の兵法とは何か」について、武蔵はふたたび自説を力説する。

敵と戦って、これに勝つ。兵法の意義は、これだけである。我が「二天一流」こそは真の兵法であり、そこにある教えは、すべて「勝つためのもの」である。だから、我が兵法を習得し、実践する者は、一片の疑いもなく、必ず勝利を得られるのである——と。

これが、宮本武蔵という男だった。

彼にとって人生とは、常に「戦い、勝つべき敵」が存在している。敵との戦いこそが、生きることなのだ。「誰とでも共存の道をさぐる」とか、「戦う相手は自分の心である」とか、そんな道徳の説教じみた思想は、武蔵にはない。

こんにちの民主主義的な平和の理想とは、大きく異なるベクトルに、宮本武蔵の眼は向いている。

この意味において、宮本武蔵を全面的に現代人の手本とすることは、誤りだろう。だが、いかに平和共存が人類究極の理想だとしても、現実において人は、競い、争う。その〝戦いのエネルギー〟があればこそ、人は発展し、生きる張り合いというものを見出してきた。

だから武蔵の思想は、やはり一面においては、我々現代人の人生の大きな糧となり得るのである。武蔵の言うように、この国から「兵法の道」が滅んでしまったら、すなわち、この国から戦い競うエネルギーが滅んでしまったら、きっとこの国は衰退し、すべてをやがて失うだろうから。

武蔵の〝危機感〟は、確かに我々が引き継がねばならないものに、違いない。

風之巻《ふうのまき》

序

兵法、他流の道を知事《しる》。他の兵法の流々を書付《かきつけ》、風《ふう》の巻《まき》として、此巻に顕《あらわ》す所也。他流の道をしらずしては、我《わが》一流の道慥《たしか》にわきまへがたし。他の兵法を尋《たずね》見《み》るに、大きなる太刀をとつて、つよき事を専《せん》にして、其わざをなすながれあり。或は小太刀《こだち》といひて、短き太刀を以て道を勤《つとむ》るながれもあり。或は太刀かず多くたくみ、太刀の構《かまえ》をもつて、おもてといひ、奥として、道をつたゆる流もあり。是皆、実《まこと》の道にあらざる事、此巻の奥に、慥《たしか》に書顕《かきあらわ》し、善悪理非をしらする也。我一流の道理、各別《かくべつ》の義也。他の流々、芸にわたつて、身すぎの為にして、色をかざり、花をさかせ、うり物にこしらへたるによつて、実《まこと》の道にあらざる事歟《か》。亦世の中の兵法、剣術ばかりにちいさく見たて、、太刀を振習《ふりならい》、身をきかせて、手のかる、所を以て、かつ事をわきまへたるものか。いづれも慥《たしか》なる道にあらず。他流の不足成《なる》所、一々此書に書顕す也。能々吟味して、二刀一流の利をわきまゆべきもの也。

『五輪書』第四巻「風之巻」は、剣の他流派を九つにタイプ分けし、その一つ一つの欠陥を具体的に記していく。

武蔵は、この序文の冒頭で「兵法、他流の道を知事」と述べ、つまり「兵法では、他流派について学ぶのも大切だ」と、一見〝殊勝な発言〟をしている。

ところが、武蔵はもともと「我が二天一流だけが、唯一の正しい兵法」と考えているから、他流派を知ると言っても、そこから何かを学びとろうなどという謙虚な気持ちは、カケラもない。武蔵の意図は、他流派の欠陥、誤りをズバリ、ズバリと指摘し、それらがいかにインチキ兵法かを白日のもとに曝《さら》してやりたいのだ。

やたら大きな刀を使って、パワーさえあればそれで良いと考える流派。

逆に、短い刀を使うことばかり考えている流派。

やたら型や構えを数多くズラズラ並べて、「表の構えだ、裏の構えだ」などと、もっともらしく講釈する流派。

こんな他流派はすべて一つ残らず、兵法の「実の道」から外れているインチキだと、武蔵は容赦がない。そのインチキぶりをこれから書いていくから、それを読めば、我が二天一流だけが兵法の道理に合ったものだと納得いくだろう――と宣言している。

武蔵がこの序文で思いつくままに書き並べたこの三タイプは、シロウト眼には、それぞれ個性があって、それなりに深い意義のある兵法のように映る。武蔵としては、そうした「見て解りやすい、シロウト受けする兵法」の存在が、腹が立って腹が立って、仕方なかったらしい。

他の流派は、兵法を芸事だと考えている。カネ儲けの手段にしている。派手に眼を引く上っ面のテクニックばかりを凝らして、売りものにしている。

さらに、他流派は、しょせん刀の使い方に限った技法でしかない。刀を振って、身体を使う技術だけのシロモノで、それだけの兵法で本当に戦に勝てると思っているのか！

――と、この武蔵の不満、怒り……。言いたいことは解る。が、やはり時代錯誤だった。徳川幕府の安定政権下にあった当時、すでに世は太平で、兵法は〝事実上の必要性〟を、もはや失っていたのだから。

必要性を失った技術が残るには、一種の芸術として人々に受け継がれるしかない。たとえばこんにちワープロ全盛の時代で、「文章を書き記す」という必要性だけで考えれば、筆と墨は、もはや存在の意味がない。しかし書道という芸術を支えるものとして、こんにちにもそれは十分に生き残っている。

おそらくは、当時の兵法も同じことだったのだろう。だから武蔵の言うとおり、当時の様々な兵法を頭ごなしに全面否定するのは、必ずしも正しくはあるまい。

しかし、武蔵はそれでも、他流派を許さない。「兵法とは、戦に勝つためだけに在る」という彼の揺るぎないポリシーゆえである。

「風之巻」は、武蔵のそんなポリシーが書かせた〝怒りの批判〟の巻だ。とにかく、ひたすら他流派の悪口をまき散らしている巻である。

だが、それでもこの巻には十分に、読み取るべき教訓が収められている。それは、武蔵の批判が、それでも感情に流されることのない合理性に優れた内容で、現代の社会生活にも活かせる言葉が、少なからず発見されるからである。

他流に、大きなる太刀を持事——他流派タイプ一・長い刀を使う流派

一 他流に、大きなる太刀を持事《もつ》

他に大きなる太刀をこのむ流あり。我兵法よりして、是をよはき流と見たつる也。其故は、他の兵法、いかさまにも人に勝《かつ》と云理をば知《しら》ずして、太刀の長きを徳として、敵相《てきあい》遠き所よりかちたきと思ふによつて、長き太刀このむ心あるべし。世中《よのなか》に云、一寸手まさりとて、兵法しらぬもの、沙汰也。然《しかる》によつて、兵法の利なくして、長きを以て遠くかたんとする、それは心のよわき故なるによつて、よはき兵法と見たつる也。若《もし》敵相近く組あふほどの時は、太刀長き程打《うつ》事もきかず、太刀のもとをりすくなく、太刀をに、して、小脇差《こわきざし》手振《てぶり》の人におとるもの也。長き太刀好む身にしては、其云わけはあるものなれども、それは其身ひとりの理也。世中《よのなか》の実《まこと》の道より見る時は、道理なき事也。長き太刀もたずして、短き太刀にては必《かならず》まくべき事歟《か》。或は其場により、上したわきなどのつまりたる所、或は脇差ばかりの座にても、長きをこのむ心、兵法のうたがひとて、あしき心也。人により少力なるものもあり。むかしより大は小を

かなへるといへば、むさと長きをきらふにはあらず、長きとかたよる心をきらふ儀也。大分《だいぶん》の兵法にして、長太刀《ながたち》は大人数也、短きは小人数也。小人数と大人数にて合戦はなるまじきものか。少人数にて大人数にかちたる例《ためし》多し。わが一流におゐて、さやうにかたづきせばき心、きらふ事也。能々吟味有べし。

他流派タイプの一つめ。長い刀を好んで使う流派の欠陥について、である。

武蔵は断言する。こうしたタイプは「よはき（弱き）」兵法である、と。

何故か。

この流派は、刀の長さに頼り、遠くから敵を倒したい、つまり「敵に近づかずに勝ちたい」という気持ちが、根底にある。どんなことをしてでも敵に勝つという気概が、ない。要するに、臆病から発した兵法だと、武蔵は言いたいのだ。

武器の大きさは、大きいほど有利になる――と、シロウトなら単純に思うだろう。だが武蔵は、その判断は一面的に過ぎると、読みの甘さを指摘する。

世間に「一寸手まさり」という言葉がある。「一寸でも腕が長ければ、戦いに有利になる」という意味で、身体や武器の大きさを単純に誉めた言葉である。だが、こんな言葉は、武蔵に言わせれば、兵法の道理を知らないシロウトのたわごとなのだ。

実際、敵との距離が近くなってしまったら、長い刀は自由に振れず、かえって重荷になる。短い脇差しを持つ者にも、その攻撃力は劣る。

また、人によっては、体力の問題で長い刀が向かない者だっている。それでも、「刀は、長ければ長いほど良いのだ」と決めつけるのは、兵法の道にまったく合っていない。

「長い刀は万能だ」という思い込みが出来てしまうと、上下やわきが詰まっている狭い場所で戦うとき、脇差ししか使えない状況になったとき、そんなときでも「やっぱり長い刀を使いたい」という気持ちが、わいてきてしまう。それは迷い以外の何ものでもない。

刀の長短で勝敗が必ず決まるということが、あろうか！　その長短を「集団の合戦の兵力」に置き換えるなら、少人数の軍勢で、大人数の敵に勝った実例は幾らでもある！

——と、武蔵はきわめて合理的に、この流派を糾弾するのだ。

そして、最後にこんな説明をくわえている。

昔から「大は小をかねる」という。それもまた、真実である。自分も、長い刀をただ否定するのではない。否定するのは、「何でもかんでも長い刀であればよい」とする偏った執着心である。我が二天一流は、そうした狭い考えを否定するのだ——と。

確かに、武蔵の兵法論が「これさえあれば、すべてはうまく行く」といった万能主義的な思い込みによっていないことは、「火之巻」までの説明でも納得できることだ。武蔵は、常に戦いのケースバイケースを考える人だ。

この意味において、武蔵の批判は正しい。

どんな状況においても、大きく強力な道具に頼ることは、必ずしも悪くはない。しかし、それさえあればすべてうまく行くといった発想で、状況個々の特異性を考えないのは、思慮分別の浅いアタマである。そんなアタマの持ち主は、必ずいつか失敗するだろう。

他流におゐて、つよみの太刀と云事——他流派タイプ二・やたら力いっぱい刀を振る流派

一　他流におゐて、つよみの太刀と云事

太刀につよき太刀、よわき太刀と云事は、あるべからず。つよき心にてふる太刀は、あらき物也。あらきばかりにてはかちがたし。又つよき太刀と云て、人をきる時にして、むりにつよくきらんとすれば、きれざる心也。ためしものなどにきる心にも、つよくきらんとする事悪《あし》し。誰におゐても、かたきときりやふに、よわくきらん、つよくきらんと思ふものなし。唯《ただ》人をきりころさんとおもふ時は、つよき心もあらず、勿論よはき心にもあらず、敵のしぬるほど、思ふ義也。若《もし》は、つよみの太刀にて、人の太刀つよくはれば、はりあまりて、必《かならず》あしき心なり。人の太刀に強くあたれば、わが太刀もおれくだくる所也。然《しかる》によつて、つよみの太刀など、云事、なき事也。大分の兵法にしても、つよき人数を持《もち》、合戦におゐてつよくかたんと思へば、敵も強き人を持、戦《たたかい》もつよくせんとおもふ、それはいづれも同じ事也。物毎に勝《かつ》と云事、道理なくしては勝《かつ》事あたはず。わが〔道〕におゐては、少《すこし》もむりなる事を思はず、兵法の智

力をもって、いかやうにも勝所《かつ》を得る心也。能々工夫有べし。

他流派タイプの二つめ。やたらと「渾身の力を込めて刀を振れ」と教える流派に対する批判である。

武蔵は、言う。「そもそも正しく刀を振るのに、力を込めるの、力を抜くのと、そういった区別はないのである」と。

刀を振るのは、何のためか。ズバリ、敵を斬るためだ。そして武蔵は、かなり生々しい説明をする。

人間の身体というやつは、無理やり力を込めて斬ろうとすると、かえって斬れないものなのだ。新しい刀の斬れ味を試すために遺体を使って行う「試し斬り」の場合も、この点は注意すべきである。

誰でも実戦では、刀を打ち込むとき「弱く斬ろう」あるいは「強く斬ろう」などといった判断を頭に浮かべているか？　そんなわけはない。刀を打つのは、敵を斬り殺すためだ。ただ「相手が死ぬように斬ろう」と思うだけである。

――と、要するに「兵法とはとどのつまり、人殺しの技術なのだ」と露骨に言い放ってしまっているのだ。これは武蔵の本音だろう。

そして、「人の身体を斬るとき力を入れるとうまく斬れない」などの説明は、実際に人間を何人も斬り殺し、その感触をしっかりと覚えている者でなければ、まず出てこない言葉である。やはり武蔵の兵法は実戦論そのものだと、再確認させられる。

そして、力を入れて刀を振る場合の欠陥を、リアルに説明する。

まず、力を入れて刀を打つと、力余って体勢が崩れる。

そして、敵の刀に激しく当たり過ぎ、反動でこちらの動きが鈍くなってしまう。

なるほど、これら説得力のある説明も、経験に即した実戦論であろう。

さらに武蔵は、集団の合戦の心構えにまで、この考えを発展させる。すなわち、力任せに刀を振るように強力な軍勢を揃えるだけで戦に向かうのは、愚かなことだ――と。

何故、愚かなのか。そんな単純な発想は、敵も考えるからだ。となれば、無分別で不毛な〝戦力の増強競争〟に陥ってしまう。結局は、無理が生じる。戦に勝つとは、ただ戦力に勝るということではない。兵法の合理性を競い、それに勝るということなのだ――と。

兵法は「智力」である。武蔵はここでも、この自説を強調しているのだ。

他流に、短き太刀を用る事——他流派タイプ三・短刀を優先して使う流派

一　他流に、短き太刀を用る事

短き太刀斗《ばかり》にてかたんと思ふ所、実《まこと》の道にあらず。昔より太刀かたなといひて、長きと短きと云事を顕《あらわ》し置《おく》也。世の中に強力《ごうりき》なるものは、大きなる太刀をもかろく振《ふる》なれば、むりに短きを好む所にあらず。其故は、長きを用て、鑓長《やりなが》太刀《たち》をも持《もつ》物也。短き太刀を以《もって》、人の振《ふる》太刀の透間をきらん、飛いらん、つかまんなど、思ふ心、かたづきて悪《あし》し。又すきまをねらふ所、万事後手に見え、もつる、といふ心有て、きらふ事也。若《もし》は、みじかき物にて、敵へ入くまん、とらんとする事、大敵の中にて役に立《たた》ざる心なり。短きにてし得たるものは、大勢をもきりはらはん、自由に飛ばん、くるはんと思ふとも、皆うけ太刀と云物になりて、とりまぎる、心有て、慥成《たしかなる》道にてはなき事也。同《おなじ》くは、我身はつよく直《すぐ》にして、人を追廻し、人に飛はねさせ、人のうろめくやうにしかけ

て、慥に勝《かつ》所を専《せん》とする道也。大分《だいぶん》の兵法におゐても、其理あり。同じくは、人数かさをもつて、敵を矢場《やにわ》にしほし、即時にせめつぶす心、兵法の専《せん》也。世《よの》中《なか》、人の物をしならふ事、へいぜいも、うけつ、かわいつ、ぬけつ、くゞつつ、しならへば、心道にひかされて、人にまわさる、心あり。兵法の道直《すぐ》に紏《ただ》しき所なれば、正理を以て人をおいまはし、人をしたがゆる心肝要也。能々吟味有べし。

他流派タイプの三つめである。

刀剣は、大小によって太刀（大）・刀（中）・短刀（小）と区別する場合がある。短刀を積極的に使う兵法の流派が、当時は少なからずあったという。短刀は当然、軽くて使い易い。その利点を生かした流派というわけである。

武蔵は、これもまた全面的に否定する。

「他流に、大きなる太刀を持事」の章で長い刀にこだわる姿勢を批判した武蔵ではあるが、たいていの場合は、武器は大きいほうが有利だという単純な事実は、もちろん認めている。だから使いこなせるパワーがあるならば、長い刀や、それよりさらに大型武器である槍や長刀《なぎなた》を使うことも、前向きに認める。それだけのパワーを持つ者が短刀を好むことはあるまい、という。

つまり、だ。「短刀とは、そもそも誰もが積極的に使うような武器ではない」と、短刀そのものの性能の低さを、武蔵は述べているのだ。だから、そんなものを有り難がるのはおかしい――と。

短刀は、なぜ武器として劣るのか。武蔵は、こう説明する。

短刀は、いきなり「敵に打ち込む」武器ではない。「敵の隙をついて斬ろう、飛び込もう、つかまえようという意図により、使う」武器である。だが戦うとき、そんな発想だけに偏るのは、誤りである。

何故なら「敵の隙を狙う」という発想だけでは、万事の攻撃が後手になる。結局は、戦いがもつれてしまう。

さらに現実問題、短刀で敵の隙をつく攻撃方法は、多勢の敵には通用しない。多勢の中に入ってしまうと自由に動きたくても、こちらが短刀では、万事に「受け」に廻ってしまう。とても勝利への確実な道とは、言えない。

――と、武蔵は「攻撃が後手になること」を何よりも嫌うから、短刀の「敵の隙をつく武器」という特性には、むしろ否定的なのだ。確かに、隙をつくことばかり考えていては、結局はこちらからの積極的な先手には、結びつかない。

武蔵は、言う。

兵法の正道とは、我が身をまっすぐに保ちながら敵を追いつめ、先手を仕掛け敵をうろたえさせて、確実に勝つことである。集団の合戦でも、同じこと。敵よりも大きな軍勢をもって不意を襲い、速攻で攻め潰せるなら、これに越した攻撃はない。

――と、この説明は、ちょっと武蔵の〝口がすべった〟感もある。前の章「他流におゐて、つよみの太刀と云事」において、武蔵は「軍勢が大きければ、それでよいというものではない」といった主張をしたばかりだ。これでは、矛盾しているようにも見える。

マァ、とは言っても武蔵の主張は、「武器が強力で、軍勢が大きければ、あとは何も考えなくてよい」といった〝浅薄な思い込み〟を批判する点にあったのだから、よくよく考えてやれば、必ずしも矛盾とはならないだろう。

要は、「武器や軍勢だけに頼らず智力を働かせ」というのが、武蔵のポリシーなのだ。

最後に武蔵は、日常生活に通ずる教訓を述べる。

短刀重視の兵法を身につけた結果、日頃から「受ける、かわす、抜ける、くぐる」といった姿勢で暮らしていると、そんな習慣が生き方そのものに染み着いて、ついには、他人に振り回されるばかりの人生になってしまう。

兵法とは、まっすぐで正しい人生を支えるものである。正しい兵法を身につけた者は、他人を正々堂々と追いかけ、あるいは他人を従える人生を作るのである――と。

武蔵はここで、自らの兵法に「正しい人生」の姿を読み取ってほしい、と読者に言いたいようだ。正しい兵法すなわち「人の正しい道」なのだ、と。

他流に、太刀かず多き事――他流派タイプ四・刀の使い方をやたらと型に分けて教える流派

一　他流に、太刀かず多き事

太刀のかず余多《あまた》にして、人に伝ゆる事、道をうり物にしたて、、太刀数おほくしりたると、初心のものに深く思はせん為成《なる》べし。兵法にきらふ心也。其故は、人をきる事、色々あるとおもふ所、まよふ心也。世の中におゐて、人をきる事、替る道なし。しるものも、しらざるものも、女童子《おんなわらわべ》も打た、ききると

云道は、多くなき所也。若《もし》かはりては、つくぞ、なぐぞと云外《ほか》はなし。先《まず》きる所の道なれば、数の多かるべき子細にあらず。され共《ども》、場により、事に随ひ、上わきなどのつまりたる所などにては、太刀のつかへざるやうに持《もっ》道なれば、五方《ごほう》とて五つの数は有べきもの也。それより外にとりつけて、手をねじ、身をひねりて、飛《とび》、ひらき、人をきる事、実《まこと》の道にあらず。人をきるに、ねじてきられず、ひねりてきられず、飛《とん》できれず、ひらいてきれず、かつて役に立《たた》ざる事也。我兵法におゐては、身なりも心も直《すぐ》にして、敵をひずませ、ゆがませて、敵の心のねぢひねる所を勝《かつ》事肝心也。能々吟味あるべし。

他流派タイプの四つめである。

刀の使い方を、やたら数多く型に分けて教える流派が、ある。これは、いかにも「どうだ。我が流派はこんなに型があるんだゾ」と初心者を感心させたがっているだけの、いわば〝コケ威しの流派〟であって、まさに兵法を売り物にするインチキ兵法だと、武蔵は糾弾する。

そもそも人を斬るのに幾つも型があると思うこと自体が間違いである。——と、武蔵はじつに手厳しい。

兵法を知る者でも知らぬ者でも、女子供でも、「人を刀で倒す」という行動に、そんなに幾つも方法があるものか。せいぜい「斬る」の他は「突く」や「薙《な》ぐ（横に強く切り払う）」くらいである。

もっとも、「上やわきが詰まって狭くなっている場合は、刀が閊《つか》えないように持つ」など、ケースバイケースで刀の持ちようは変わる。だから「五方（五種類）」には分けられる。だが、それですべてなのである。

他流派で、それ以上に「手をねじる型」だの「身をひねる型」だの「跳び開く型」だの、多種多様の型を教えているものがある。しかし、そんなものは真の兵法ではない。だいたい、ねじったり、ひねったりして、敵が斬れるものか！

――と、武蔵は自らが「水之巻」で示した「五方の構」だけが刀の持ちようのすべてだと、ここで自説を繰り返している。

ねじったり、ひねったりといった刀の使い方は、見た目がトリッキーで、シロウト眼には、ハイレベルの技法のようにも思えてしまう。シロウトが、そんな技法を華麗にやって見せる流派に感心するのも、無理からぬことだろう。

ところが武蔵は、「ねじったり、ひねったり」などのトリッキーな動きは勝者のするべきことではない、と強烈な批判を述べるのだ。我が兵法において勝者とは、姿勢も心もまっすぐにして敵に挑むことで、敵にプレッシャーをかけ、いわば敵の心をねじって、そこを潰すのである――と。

兵法に限らず、どんな仕事の成果でも、一見仕組みが複雑でトリッキーな感じのするものは、いかにも手の込んだ上級の出来栄えのように映る。しかし武蔵の言うとおり、それは見る者を驚かすコケ威しに過ぎず、内容を伴わないものかも知れない。やはり、シンプルに堂々と仕上げられた仕事というものを、まずは認めるべきなのだろう。

他に、太刀の構を用る事――他流派タイプ五・構え方を第一に教える流派

一　他に、太刀の構《かまえ》を用る事

太刀のかまへを専《せん》にする所、ひがごとなり。世の中にかまへのあらん事は、敵のなき時の事なるべし。其子細は、昔よりの例《ためし》、今の世の法《のり》など、して、法例をたつる事は、勝負の道には有べからず。其あいてのあしきやうにたくむ事

なり。物毎に構《かまえ》と云事は、ゆるがぬ所を用る心なり。或は城をかまゆる、或は陣をかまゆるなどは、人にしかけられても、つようごかぬ心、是《これ》常之儀也。兵法勝負の道におゐては、何事も先手《せんて》〳〵と心懸《こころがく》る事也。かまゆると云心は、先手を待《まつ》心也。能々工夫有べし。兵法勝負の道、人の構をうごかせ、敵の心になき事をしかけ、或は敵をうろめかせ、或はむかつかせ、又はおびやかし、敵のまぎるゝ所の拍子の理を受て、勝《かつ》事なれば、構と云、後手《ごて》の心を嫌《きらう》也。然《しかる》故に、我道に有構無構《うこうむこう》といひて、かまへはありてかまへはなきと云所也。大分《だいぶん》の兵法にも、敵の人数の多少を覚へ、其戦場の所を受、我人数のくらいをしり、其徳を得て、人数をたて、たゝかいをはじむる事、それ合戦の専《せん》也。人に先《せん》をしかけられたる事と、我《われ》人にしかくる時は、一倍もかはる心也。太刀を能《よく》かまへ、敵の太刀を能うけ、よくはるとおぼゆるは、鑓長太刀《やりながたち》を持て、さくにふりたると同じ。敵を打《うつ》時は、又さく木をぬきて、鑓長太刀につかふほどの心也。能々可レ有ニ吟味一事也。

他流派タイプの五つめ。構え方、つまり「刀を持ったポーズ、スタイル」を教える流派である。これまた、根本的に大きな誤りだ——と、武蔵は述べる。

だいたい「決まった構え方」などは、敵がいない所でしか出来ないものだ。戦いとは、敵の裏をかく攻めを、そのときその場に応じて工夫するものである。敵の状況に関係なく初めから決まっている構え方など、通用するわけはない。

――と、なるほど、武蔵の実戦的兵法ならば、そう言えるだろう。

ここで言う「構え」とは、一種の様式美を求めたポーズのことだから、基本的にピタリと止まった感じである。つまり「固まった構え」であり、「動きの準備としての構え」の意味は弱い。

常に攻撃のアクションを念頭において、先手を取ることを最重視する武蔵の兵法が、そんな様式美を認めないのは、当然の話であろう。

武蔵はさらに、「先例がこうだからとか、現代の一般的な形はこうだからとか、そんな理由で決まったスタイルにこだわることは、兵法にはあってはならない」と、型にはまる姿勢を徹底して批判している。

また、「そもそも『固まった構え』とは何か」の基本定義について、自らの説をこう示す。

「構え」とは、相手からの攻撃に揺るがない、ドッシリと落ち着いた対応の姿勢である。いわば、待ちの用心である。「城を構える」とか「陣を構える」とかいうのは、まさにこの意味であり、「敵のいかなる仕掛けにもビクともしないゾ」という心構えなのである。

だが、それは結局、敵に先手を取らせ、それを待つことを意味する。

兵法のもっとも重要な心構えとは、敵を動揺させ、敵の裏をかき、狼狽させ、怒らせ、脅かせ、そうして敵の構えを崩して、敵が混乱したタイミングにつけ込んで、勝つことである。したがって、「構え」という後手の姿勢は、あまり好むべきものではない。「水之巻」の中で「我が二天一流には、構えあって構えなし」と述べたのは、こうした意味も含まれているのだ。

――と、武蔵はどこまでも「先手必勝」の持論を提示する。そして、ここでふたたび、戦いの基本姿勢について繰り返す。

集団の合戦においても、敵軍の戦力、戦場の状況、自軍の戦力を把握し、自軍の長所を生かす部隊編成を工夫したら、こちらから合戦を仕掛ける。先手を取られるのと取るのとでは、有利さが倍も違うということを、よくわきまえるべきである――と。

戦いのときに「待ちの構えをしっかりして、敵の攻撃をうまく受けよう、うまく張ろう」などと考えるのは、武蔵に言わせれば、ちっとも偉くない。そんな覚悟は、どれほど心に決めようとも、しょせんは後手の発想だからだ。

そうした覚悟は、槍や長刀《なぎなた》という良い武器を持っていながら、それらを柵のように置いたまま使わないのと同じだと、武蔵はたとえている。戦いに本当に必要な覚悟とは、逆に、柵に使っている棒杭を引っこ抜いて槍や長刀代わりに使おうとするぐらい、積極的な攻撃の気持ちなのだ――と。

先手を取ることこそ、第一。待ちの発想は、内容にかかわらず基本的に認めない。だから、待ちの姿勢に近い「固まった構え方」は、無駄である。――と、以上がこの章での武蔵の主張というわけだ。つくづくアクティブな人だ、宮本武蔵という人は。

他流に、目付と云事――他流派タイプ六・常に敵の一定の箇所に視点を定めるように教える流派

一　他流に、目付《めつけ》と云事

目付といひて、其流により、敵の太刀に目を付るもあり、亦は手に目を付る

流もあり。或は顔に目を付、或は足などに目を付るもあり。其ごとく、とりわけて目をつけむとしては、まぎる、心ありて、兵法のやまひと云物になるなり。其子細は、鞠《まり》をける人は、まりによく目を付《つけ》ねども、びんすりをけ、おいまりをしながしても、けまわりてもける事、物になる、とゆふ所あれば、慥《たしか》に目に見るに及ばず。又ほうかなどするもの、わざにも、其道になれては、戸びらを鼻にたて、刀をいく腰もたまなどにとる事、是皆慥《たしか》に目付とはなけれども、不断手にふれぬれば、おのづから見ゆる所也。兵法の道におゐても、其敵〳〵としなれ、人の心の軽重を覚へ、道をおこなひ得ては、太刀の遠近遅速迄も、みな見ゆる儀也。兵法の目付は、大形《おおかた》其人の心に付たる眼也。大分の兵法に至ても、其敵の人数の位に付たる眼也。観見《かんけん》二つの見やう、観の目つよくして敵の心を見、其場の位を見、大きに目を付て、其戦《たたかい》のけいきを見、其おりふしの強弱を見て、まさしく勝《かつ》事を得る事専《せん》也。大小兵法において、ちいさく目を付る事なし。前にもしるすごとく、濃《こまか》にちいさく目を付るによつて、大きなる事をとりわすれ、まよふ心出《いで》きて、慥《たしか》なる勝をぬかすもの也。此利、能々吟味して鍛練有べき也。

他流派タイプの六つめである。「戦いの中で、常に一定の箇所から眼を離すな。凝視しつづけろ」と教える流派が、幾つかあるという。

「目付」と呼ぶ。敵の刀、手、顔、足など、凝視する箇所は流派によって違うが、いずれにしろ、視点を定め、意識を一点に集中することを極意とする兵法というわけだろう。

武蔵はこれも、全面否定する。格別に一定の箇所に気持ちを奪われては、かえって心に迷いが生じるものだ——戦いで的確に動くために必要なのは、意識の集中ではない。慣れによる無意識だ。——と、これが武蔵の主張だ。そして彼は、兵法とは違うこんな例を、挙げている。

たとえば、蹴鞠の名人の動きを、見るがよい。彼は鞠をジッと睨みつづけているわけではない。それでも、巧みに鞠を蹴りつづける。慣れによって身体が自然と鞠に向かうから、鞠そのものを眼で追いつづける必要がないのだ。

たとえば、曲芸者の芸もそうだ。扉を鼻の上に立てたり、刀を幾振りも手玉に取ったりと、きわどい芸を披露するときも、彼が必死に芸の道具を睨みつづけていることはない。ふだんから扱い慣れているから、自然と道具の動きに、眼と身体が付いていっているのである。

——と、このように「何の道でも、熟練者は無意識に的確な動きをするものだ」といった説明を示し、そして兵法の話にもどる。

兵法の道も、同じく慣れが大切なのだ。戦いの経験を重ねることで、敵の心の軽重を悟ることが出来るようになり、技術も発達する。そうなることにより、敵の刀の動きが遠近・遅速まで、自然と感じ取れるようになるのだ。そうなれば、いちいち敵の刀を睨みつづける必要など、ない。

集団の合戦においても、同じことが言える。「水之巻」の中の「兵法の目付と云事」で述べたとおり、「観と見」のうち「観」の眼を強くして、敵の心中を見抜き、状況を見分け、大局を読み、戦の流れをつかみ、敵味方の強弱をよくわきまえて、確実な勝ちへと向かっていく。どこか一点を睨んでいれば、勝てるというものでは決してない。

結局は、集団の合戦でも一対一の対決でも、「小さく眼をどこかに付けること」など、不要なのだ。小さな一点に眼を奪われれば、大きなことを見落として、迷いが生じ、勝利を逃す。

――と、武蔵はこう述べて、いたずらに一箇所に意識を集中することのマイナス面を、指摘する。

武蔵はこの章の中で「いわば、兵法の本当の目付とは、敵の心理を読み、そして動きを悟る『心眼』なのだ」とも、述べている。

どこか一点だけを見ていると他の部分が見えなくなる。そんな見方は、危険なのだ。逆に、眼の前にはないものまで含めて周囲のすべてが見えるのが、武蔵の求める眼というわけだ。

他流に、足つかひ有事――他流派タイプ七・足の使い方を不自然に教える流派

一　他流に、足つかひ有事《ある》

足のふみやうに、浮足《うきあし》、飛足《とびあし》、はぬる足、ふみつむるあし、からす足など、云て、色々さつそくをふむ事あり。是皆我兵法より見ては、不足におもふ所也。浮足をきらふ事、其故は、た、かいになりては、必《かならず》足のうきたがるものなれば、いかにも慥《たしか》にふむ道也。又飛足をこのまざる事、飛あしはとぶをこり

ありて、とびていつく心あり。いくとびも飛《とぶ》とゆふ理のなきによつて、とびあし悪《あし》し。亦はぬる足、はぬると云心にて、はかの行《ゆき》かぬるもの也。踏つむる足、待《たい》のあしとて、殊《ことに》きらふ事也。其外、からす足、色々のさつそくなどあり。或《あるいは》沼、ふけ、或《あるいは》山川、石原、細道にても、敵ときり合《あう》ものなれば、所により飛はぬる事もならず、さつそくのふまれざる所有《ある》もの也。我兵法におゐて、足に替る事なし、常の道をあゆむがごとし。敵の拍子に随ひ、いそぐ時、静《しずか》なる時の、身の位を得て、たらず、あまらず、足のしどろになきやうにあるべき也。大分の兵法にしても、足をはこぶ事肝要也。其故は、敵の心をしらず、むさとはやくかゝれば、拍子ちがい、勝がたきもの也。又足ぶみ静にては、敵うろめきありてくづるゝと云所を見つけずして、勝事《かつ》をぬかして、はやく勝負つけ得ざるもの也。うろめきくづるゝ、場を見わけて、少《すこし》も敵をくつろがせざるやうに勝事《かつ》肝要也。能々鍛練有べし。

他流派タイプの七つめである。足の使い方を特別なものとして教える流派が、ある。

浮き足・飛び足・跳ね足・踏ん張る足・からす足（カラスの動きのように左右に

ピョンピョンと動く足）……などだ。武蔵はこれらを「兵法として、とても満足な足遣いとは言えない」と、一つ残らず否定する。

そして、それぞれの誤り、欠点を書き並べていく。

浮き足——そもそも戦いとなれば、ただでさえ足は浮いてしまうものだ。むしろ、浮き足にならぬようしっかりと踏み込むことが大切なのだから、わざわざ浮き足を教えるなどはナンセンスである。

飛び足——人は飛ぶ一瞬、いったん静止の状態になる。飛んだ直後も、動きが止まってしまう。つまり、飛ぶ動作とは、隙ができ易い欠点もあるのだ。戦いの最中に、そうそう何度も飛ぶ機会などないのだから、わざわざ不利の生じる飛び足ばかりを修練するのは、良くない。

跳ね足——「跳ねよう、跳ねよう」という気持ちがあると戦いのラチがあかなくなると、武蔵は言う。動きがやたらピョコピョコと落ち着かなくなり、じっくり戦う姿勢が失われる、という意味だろう。

踏ん張る足——自ら動きを止める足遣いで、待ちの姿勢の足である。武蔵にしてみれば、敵に先手を取られる、とくに嫌うべき足遣いである。

からす足——やたらと速く足を動かしたがる足遣いで、他にも似たようなのが色々とあるが、戦いというものは、沼・湿地・谷川・石原・細道と、様々な足場で行うものだ。飛び跳ねることなど出来ず、足を速く動かせない場所も、多い。足を速く激しく動かす修練など、じつは実戦の役に立たない。

——と、それぞれの足遣いの欠点を逐一挙げていったあとで、いよいよ自説を展開する。

我が兵法には、特別の足遣いなどはない。ふだんのとおり、ごく自然に足を動かすだけである。敵の動きのリズムに合わせて、速いテンポで、あるいは遅いテンポでと、自然に動ければ、それで足どりは自由自在なのだ。足らず、余らず、乱れないこと。これが真の兵法の足遣いである——と。

そして、この足遣いの心構えを、またも集団の合戦の心構えに結びつけていく。

敵の思惑も解らずに、やたらと早く掛かろうとすれば、タイミングが狂って、勝つことは出来ない。かといって、スローに構えていれば良いというものでもなく、それでは敵の崩れる隙を見つけ損なって、勝機を逸する。

敵の崩れを見落とさず、敵に余裕を与えず、そして勝つ。足遣いも戦の覚悟も、ただ速いだけだったり、ただドッシリしているだけだったりで、済ませられるものではない――と。

真の兵法の技術とは、「自然な動きを、より強化したもの」だと、武蔵は言いたいのだろう。自然な動きが、まず基本にあること。これは、兵法に限った定義ではあるまい。

他の兵法に、はやきを用る事――他流派タイプ八・早く動けと教える流派の、根本的な誤り

一　他の兵法に、はやきを用る事

兵法のはやきと云所、実《まこと》の道にあらず。はやきと云事は、物毎に拍子の間《ま》にあはざるによつて、はやきおそきと云心也。其道上手《じょうず》になりては、はやく見へざる物也。縦《たとえば》、人にはや道といひて、四十里五十里行《ゆく》ものもあり。是も朝より晩まではやくはしるにてはなし。道のふかんなるものは、一日はしるやうなれども、はかゆかざるもの也。乱舞の道に、上手のうたふ謡《うたい》に、下手《へた》のつけてうたへば、おくる、心ありていそがしきもの也。又鼓太鼓《つづみたいこ》に老松《おいまつ》をうつに、静《しずか》なる位《くらい》なれ共、下手は是にもおくれさきだつ心あり。高砂《たかさご》はきうなるくらい

なれども、はやきと云事悪《あし》し。はやきはこけるといひて、間にあはず、勿論おそきも悪し。是も上手のする事は緩々《ゆるゆる》と見へて、間《ま》のぬけざる所也。諸事しつけたるもの、する事は、いそがしく見えざる物也。此たとへをもつて、道の理をしるべし。殊に兵法の道におゐて、はやきと云事悪《あし》し。其子細は、是も所によりて、沼、ふけなどにて、身足ともにはやくゆきがたし。太刀はいよ〳〵はやくきる事なし。はやくきらんとすれば、扇小刀のやうにはあらで、ちやくときれば、少《すこし》もきれざるもの也。能々分別すべし。大分《だいぶん》の兵法にしても、はやくいそぐ心わろし。枕をおさゆると云心にては、少もおそき事はなき事也。亦人のむさとはやき事などには、そむくといひて、静になり、人につかざる所肝要也。此心の工夫鍛練有べき事也。

他流派タイプの八つめ。素早さ第一主義の流派についてである。

スポーツでも舞踏でも、何につけ身体を使うジャンルでは、「動きは、出来るだけ素早くテキパキと」といった心構えが必要なような気が、する。しかし武蔵は、そうした思い込みは、とんでもない勘違いだと批判する。

そもそも「速い」とか「遅い」とかは、言い換えれば「ちょうど良いスピードではない」ということなのだ。つまり、物事を進めるリズムが的確ではない、ということなのである——と。

そして、どんなジャンルでも名人上手と呼ばれる人の動きは、的確なスピードとリズムで成り立っているので、見る者に格別「速い」と感じさせないものである。

——と、これは鋭い指摘だろう。確かに、名人と呼ばれる者の動きは、得てしてシロウト眼には地味に映りがちである。だが派手な動きとは、言ってしまえば〝無駄に激しい〟ものだとも言える。効率の良い動きだからこそ、無駄が無い分、地味に見えるのだ。

そして武蔵は、兵法の話からいったん離れて、別のジャンルでこのことを例証する。

たとえば、飛脚である（原文中の「はや道」とは飛脚の別称）。優れた飛脚は、一日に四十里も五十里も進む。が、その姿は、朝から晩まで猛スピードで走っているようには見えないものだ。逆に、未熟な飛脚だと、やたらスピードを出して走る姿を見せるけれど、実際にはそれほど進めていないものである。

また、能楽の舞で、上手な人の謡はちょうど良いテンポで心地よく聞ける。

が、これに下手な者がついて謡うと、遅れがちになり、すると今度は、何とか付いていこうとして、せわしく謡う。じつに聞き苦しくなる。

能の「老松」は、鼓《つづみ》を静かにゆったりと打つ曲である。しかし下手な者が打つと、妙に遅れ過ぎて、リズムが狂う。一方「高砂」は、テンポの速い曲である。だからといって、やたら速く打てば良いといったものでもない。もちろん、遅いのも話にならない。

――と、武蔵はこんな例を挙げて、「はやき（速き）はこける」と端的な言葉を示す。速く見える動きは、得てしてタイミングもリズムも合っていないものだ。すべからく名人上手の動きとは、悠々と見えて、それでいてタイミングがピッタリなのである。慣れた動きは、決して忙しそうに見えないものである――と。

だから兵法もそうなのだ、というわけである。

兵法において速さを求めることは、誤りなのだ。だいたいが沼地や湿地などが戦場のときは、身体も足も、速く動こうとすればするほど、動けなくなる。刀はなおさら、速く打つことなど出来ない。それを無理に速く打とうとしても、扇や小刀を扱うようなわけにも行かず、結局は小手先だけの動きとなって、とても敵を斬れない。

集団の合戦でも、早く陣を動かそうと考えるのは禁物である。「火之巻」の中で「枕をおさゆる」という戦法を伝えた。あの戦法は「速やかに敵の頭を押さえ、出鼻をくじく」という内容であったが、それは、やたらと焦って早く敵に仕掛けるという意味ではない。冷静に落ち着いて敵に挑む気持ちがあれば、その動きが遅過ぎるという事態には、ならないものなのだ。

むしろ敵がやたらと早く動いてきたならば、それに背いて、こちらは悠々と静かに構え、そうすることで敵のリズムに引きずられないようにする。この心構えが大切なのである。

――と、武蔵は、早く動きたがる気持ちが招く欠点を示し、むしろゆったりした動きの利点を挙げる。

武蔵の兵法とて、スピードが重要なことは、ここまでの説明で解っていることだ。武蔵がここで否定しているのは、「気持ちばかりが急ぎ過ぎて、動きが空回りになる」ということなのだ。

兵法に限らず、人の生き方の問題として、誰もが注意したいことであろう。

他流に、奥表と云事——他流派タイプ九・初歩だの奥義だのと、剣技をランク分けする流派

一　他流に、奥表《おくおもて》と云事

兵法のことにおゐて、いづれを表といひ、何れを奥といはん。芸により、ことにふれて、極意秘伝など、いひて、奥口あれども、敵と打合《うちあう》時の理におゐては、表にてた、かい、奥をもってきると云事にあらず。我兵法のおしへやうは、初而《はじめて》道を学《まなぶ》人には、其わざのなりよき所をさせならはせ、合点のはやくゆく理を先におしへ、心の及がたき事をば、其人の心をほどくる所を見わけて、次第〳〵に深き所の理を後におしゆる心也。されども、大形は其ことに対したる事などを、覚へさするによって、奥口とゆふ所なき事也。されば世の中に、山のおくを尋ぬるに、猶奥へゆかんとおもへば、又口へ出るもの也。何事の道におゐても、奥の出合《いであう》所もあり、口を出してよき事もあり。此戦《たたかい》の理におゐて、何をかかくし、何をか顕はさん。然《しかる》によって、我道を伝ふるに、誓紙罰文などゝ云事を好まず、此道を学《まなぶ》人の智力をうかゞひ、直《すぐ》なる道をおしへ、兵法の五道六道のあしき所をすてさせ、おのづから武士の法の実《まこと》の道に入《いり》、うたがひ

なき心になす事、我兵法のおしへの道也。能々鍛練有べし。

右他流の兵法を九ケ条として、風《ふう》の巻《まき》に有増《あらまし》書付る所、一々流々、口より奥に至る迄、さだかに書顕すべき事なれども、わざと何流の何の大事とも名を書しるさず。其故は、一流々の見たて、其道〳〵のいひわけ、人により、心にまかせて、それ〴〵の存分あるものなれば、同じ流にも少々心の替るものなれば、後々迄の為に、ながれ筋共《ども》書のせず、他流の大躰九つにいひわけて、世の中の道、人の直《すぐ》なる道理より見せば、長きにかたづき、短きを理にし、つよきよはきとかたづき、あらきこまかなると云事も、みなへんなる道なれば、他流の口奥と顕はさずとも、皆人の知《しる》べき儀也。我一流におゐて、太刀に奥口なし、構《かまえ》に極《きわま》りなし。唯心をもつて其徳をわきまゆる事、是兵法の肝心也。

正保二年五月十二日　　新免武蔵

寺尾孫丞殿

寛文七年

二月五日　　寺尾夢世勝延(花押)

山本源介殿

「風之巻」で批判する他流派タイプのラスト。九つめである。「奥義」などという言葉は、シロウトの耳には、何やら立派なありがたいもののように響く。兵法では、道を極めた者だけが到達できる神秘的な剣技として、奥義というものが在るような気がする。

「バカァ言っちゃいけない」と、しかし武蔵は、こんなシロウトの発想を否定するのだ。

兵法に、初歩だの奥義だのといった区別があるものか。「極意秘伝」などと、いかにも大げさに剣技を教える流派があるが、実際に敵と斬り合うとき、初歩の剣技で戦ったの、奥義の剣で斬ったのと、そんな区別を意識して剣を交える者はいない――と。

なるほど、さすがは〝リアリスト武蔵〟らしい見解である。そして武蔵は、「二天一流はリアルな兵法であるから、初心者から上級者へと修練をステップアップさせる際も、どこまでも合理的な段階を踏んで行くのだ」と、自らのリアリズムを主張する。

すなわち、初心者には、その技量に応じて学び易いことから学ばせ、論理的指導も、理解し易い単純なことから教える。そして、学ぶ者の理解の程度に合わせて、徐々に深い技術論を教えていくようにする。修練の段階とは、あくまで学ぶ者に合わせることである——と。

だいたいが技術論の指導とは、実戦の経験を教えるものである。「実際にこうだった、ああだった」と教えるのに、初歩だの奥義だのの区別が、教える側にだってあるわけないではないか——と。

そして武蔵は、面白い例えを示す。

山の中に入っていって、奥へ奥へと進んでいくと、逆の入り口に出てしまうだろう。学ぶ道もそうしたもので、どんどん上級へと進んでいくと、その果てに「初歩の技術を、より確かなものにする」という境地に至ることもあるのだ。

何につけ実践においては、上級の技術だから通用するという場合もあれば、初歩の技術のほうがうまく行くという場合もある。初歩と上級の技術に、使うときの格差はない。ケースバイケースで、使い分けるだけである。

とりわけ戦いの場では、そうしたものだ。敵を倒すための技法に、秘伝だの表だのと、どう区別できるというのか。

――と、武蔵は、「秘伝」だの「奥義」だのといった言葉が持つ神秘性のようなものを、いっさい拒否するのだ。だから二天一流では、神仏に修行を誓う「誓紙罰文」などは好まないと、断言する。徹底したリアリストであり、オープンな人なのだ、武蔵という人は。

そして武蔵は、二天一流の本質を、まとめてこう述べる。

二天一流は、学ぶ者の智力によって精進する兵法である。我が兵法の道の真髄を知り、学んでいく者は、兵法のシロウトが陥り易い、他流派にありがちな欠陥の芽を、きれいに削ぎ落とせる。そして自然に、真実の武士の道に入ることが出来、一点の曇りもない心となれる。それが、二天一流なのである。

……と、他流派批判の内容は、これでようやく終わりとなる。武蔵は最後に、他流派の徹底批判をし尽くしたうえで、こんな補足説明を、述べている。

他流派を説明批判するならば、本来は一つ一つの流派について個別に、初歩から上級の内容までつぶさに書くべきであろう。しかし、あえて個別の説明は避けたのである。

何故なら、兵法の流儀に対する捉え方というのは、人によって主観的判断もあり、それぞれ言い分が違う場合も、ある。なのに自分の判断だけを書き記すのはフェアーではない。そうした意味で、後世にこの「風之巻」が、他流派に必要以上の悪いイメージを植えつけることも危惧されるので、「どの流儀、どの筋がどうなのか」といった個別批判は、避けたのだ。

そこで、数ある他流派を、九つにタイプ分けしたのである。長い刀にこだわる、短い刀だけで済まそうとする、強弱にとらわれる、やたらと荒過ぎたり細か過ぎたりする……と、いずれも偏った考え方であり、いちいち流派の名を挙げずとも、まともな道理から判断すれば、その誤りは誰にでも十分に理解できるであろう。

我が二天一流の剣技には、奥義だの初歩だのと技術に貴賤の区別は、ない。極意の構えだのと〝もったいぶった体裁〟も、ない。ただ、まっすぐな心を持って、兵法の徳を自分のものとする。これだけが、肝要なのである。

――と、他流派への気配りも、最後に少しだけ見せるのだ。いずれにしろ武蔵は、これですべて言いたいことは、言い尽くしたのであろう。

いよいよ、この巻につづく最後の巻・第五巻「空之巻」で、武蔵は自分の人生そのものを総括する言葉を、つづっていく。

空之巻《くうのまき》

空之巻

二刀一流の兵法の道、空《くう》の巻《まき》として書顕す事、空《くう》と云心は、物毎のなき所、しれざる事を空と見たつる也。勿論空はなきなり。ある所をしりてなき所をしる、是則《すなわち》空也。世の中におゐて、あしく見れば、物をわきまへざる所を空と見る所、実《まこと》の空《くう》にはあらず、皆まよふ心なり。此兵法の道におゐても、武士として道をおこなふに、士の法をしらざる所、空にはあらずして、色々まよひありて、せんかたなき所を、空と云《いう》なれども、是実の空にはあらざる也。武士は兵法の道を慥《たしか》に覚へ、其外武芸を能《よく》つとめ、武士のおこなふ道、少《すこし》もくらからず。心のまよふ所なく、朝々時々におこたらず、心意《しんい》二つの心をみがき、観見《かんけん》二つの眼をとぎ、少もくもりなく、まよひの雲の晴《はれ》たる所こそ、実の空としるべき也。実の道をしらざる間は、仏法によらず、世法によらず、おのれ〳〵は慥なる道とおもひ、よき事とおもへども、心の直道《じきどう》よりして、世の大かねにあわせて見る時は、其身〳〵の心のひいき、其目〳〵のひずみによつて、実の道にはそむく物也。其心をしつて、直《すぐ》なる所を本《もと》とし、実の心を道として、兵法を広くおこなひ、たゞしく明らかに、大きなる所をおもひとつて、空を道とし、道を空と見る所也。

空《くうは》有レ善無レ悪、智《ち》は有《う》也、利《り》は有《う》也、道《どう》は有《う》也、心《しん》は空《くう》也。

正保二年五月十二日　新免武蔵

寺尾孫丞殿

寛文七年

二月五日　寺尾夢世勝延（花押）

山本源介殿

『五輪書』最終巻「空之巻」である。

この巻は、それまでの四つの巻と違って、わずかに一項目の短い文章だけが記されている。その短い文章の中に、武蔵は己の人生観、兵法観を簡潔に書き表している。

「空」。

武蔵が、人として到達したい、到達するべきだと考えていた境地である。基本は、仏教の教えによるものだ。武蔵が、まったくの白紙状態から独自に思いついた思想とは、言い難い。武蔵の人生観が、じつは仏教の深い理解のうえに成り立っていると、解る。

武蔵はこの巻で、三つのことを簡潔に述べている。

一つが、世間一般が「空」について誤解していること。

一つが、武蔵が解釈した「空」の正しい意味。

そしてもう一つが、真の兵法者は「空」を目指せという、武蔵の教えの総括である。

まさに『五輪書』の総まとめと言える。冒頭の「二刀一流の兵法の道、空の巻として書顕す事」の一言に、この巻の意義が、よく表されている。

「空」に対する世間の誤解、思い違いについて、武蔵はこう諭す。

世間で、上っ面だけの俗っぽい理解しか出来ない者は、物事の意味が解らないと「解らないのは、それが『空』の境地だからだ」などと、したり顔で語る。が、こんな判断は、本当の「空」の理解ではない。ただの迷いである。

兵法を目指しているつもりの人間の中にも、じつは武士の心構えをまったく解っていなくて、色々と迷い、その迷いが解決できない自分の状態を「これが『空』の境地である」などと言って、自分に酔っている者がある。これも、本当の空の境地などではない。

――と、武蔵は、世間で卑俗な人間が「空だ、空だ」と意味も解らず偉そうに説いていると、かなり厳しく批判する。

確かに、「兵法の極意は空の境地にあり」などと言われると、聞いたほうは、何やら大層な教えを諭されたような気がして、ケムに巻かれた感じになる。が、武蔵はピシャリと、こう言ってのける。

「そんな連中の大半は、じつは自分で言っていることの意味も解らず、正しい兵法に迷っているだけだ。そんな愚かな状況を『空』の境地だと、勘違いしているに過ぎない」と。

では、「空」の本当の意味とは、何か。武蔵の説明はシンプルでありながら、奥が深い。

「空を知る」とは、「何もない境地、俗世間しか知らない人間には理解できない境地があることに、気づく」ということである。その境地とは、言い換えると、こうだ。

物事とは初めから、他の物事と無関係にそれだけがドンと存在しつづける――というわけではない。他の物事とのつながりや関係から生まれ、そして、別の他の物事へと移り、消えていく。ということは、その物事は、それ自体としては、ずっと在るのではない。だから、無いのと同じである。

それに気づいたとき、「物事は絶対に存在しつづける」という迷いから人は解放され、「俺は俺として今のまま、ずっと在るのだ」といったこだわりを捨てられる。それが「空を知る」ということだ。

では、兵法において「空に至る」とは、どういうことか。武蔵の言いたいことを言葉を補って述べると、こんなふうに説明できるだろう。

修行を十分に積んだ者は、兵法の道を確かに習得し、その他実技的な武芸もすべて身につけ、武士としての生き方をはっきりと自覚して、「俺は誤っているかも……」といった迷いをいっさい感じず、日々いつでも智力と気力を磨くようになり、「観・見」二つの眼を研ぎ澄まして周囲のすべてを理解し、少しも心に曇りなく、迷いの雲が完全に晴れた境地になれる。

そうしたとき、それまで抱いていた「これが正しいはずだ」とか「俺は絶対にこう思う」とかの気持ちが、じつは自分かってな思い込みや偏ったこだわりだったと、気づく。そして、そんな我執から解放される。

それが兵法者にとって「空を知る」ことなのである——と。

そして、武蔵は最後に、武士の心得を次のようにまとめて語る。

仏の道でも社会の道でも、人は「空」に至れない間、すなわち真の道を知ることができない間は、往々にして、自分だけは正しいと思い込み、自分は良い人間だと勘違いするものである。しかし、心をまっすぐにして、この世の大きな道理から見てみると、自分のひいきの心や歪んだ見方のせいで真の道に背いていることに、気づくはずだ。

そうした心得をわきまえて、まっすぐな精神を根本として、真の道である「本物の兵法」を広く行え。

正しく、明らかに、大局を見つめて、進め。

「空」こそ道の到達点であり、道は「空」のためにある、と知れ。

「空」には善があり、悪がない。兵法の智、兵法の道理、兵法の道、すべてが我に備わったとき、初めて「空」に至る。すなわち本当の善なる者となれる。

——と、武蔵はこれだけのことを語って、『五輪書』の筆を擱《お》いた。


兵法とは人を善に導くものなり。

これが武蔵の結論だった。

常に敵との戦いに我が身を置き、敵を確実に〝殺す〟ことだけを生涯にわたって考えてきた宮本武蔵は、それこそが「人間の善の道」だと訴える。

善であることとは、ただ怠惰に平和をむさぼることではない。戦いつづけ、勝ちつづけ、生き残りつづけること。そのために、あらゆる努力を惜しまぬこと。人としてのエネルギーを燃やし尽くすこと。

それこそが善なのである、人の生きる甲斐なのである——と、これが宮本武蔵の人生哲学だったのだ。

かくのごとく、宮本武蔵は史上最強の男であった。
我々の誰もが、どこかに学ぶべき、敬うべき部分を見出し得る男であった。
ゆえに『五輪書』は、いつの時代にも生命を失わない書なのである。

本書は、書き下ろし作品です。

著者紹介
長尾　剛（ながお　たけし）
1962年、東京生まれ。東洋大学大学院修了。ノンフィクション作家。日本文学・日本思想史を主なテーマとする。
主な著書として『漱石ゴシップ』（文春文庫）、『あなたの知らない漱石こぼれ話』『早わかり日本文学』（以上、日本実業出版社）、『日本がわかる思想入門』（新潮ＯＨ！文庫）、『知のサムライたち』（光文社）などがある。『日本がわかる思想入門』は、2002年に韓国にて、韓国語版が出版された。

ＰＨＰ文庫　新釈「五輪書」
宮本武蔵の哲学を読む

2002年７月15日　第１版第１刷

著　者	長尾　剛
発行者	江口克彦
発行所	ＰＨＰ研究所
東京本部	〒102-8331　千代田区三番町３番地10
	文庫出版部　☎03-3239-6259
	普及一部　☎03-3239-6233
京都本部	〒601-8411　京都市南区西九条北ノ内町11
PHP INTERFACE	http://www.php.co.jp/
制作協力 組　版	ＰＨＰエディターズ・グループ
印刷所 製本所	大日本印刷株式会社

© Takeshi Nagao 2002 Printed in Japan
落丁・乱丁本は送料弊所負担にてお取り替えいたします。
ISBN4-569-57761-X

PHP文庫

会田雄次　合理主義
会田雄次　歴史家の心眼
相部和男　非行の火種は3歳に始まる
相部和男　問題児は問題の親がつくる
青木　功　勝つゴルフの法則
青木　功　ゴルフわが技術
安部譲二　母さん、ごめんなさい
阿川弘之　論語知らずの論語読み
阿川弘之　日本海軍に捧ぐ
阿部　聡　「人間の体」99の謎
井原隆一　財務を制するものは企業を制す
井原隆一　財務がわかる人になれ
板坂　元　男の作法
板坂　元　紳士の作法
板坂　元　男のこだわり
池波正太郎　霧に消えた影
池波正太郎　信長と秀吉と家康
池波正太郎　さむらいの巣
入江雄吉　「経済学」の基本がわかる本
稲盛和夫　成功への情熱—PASSION—

井上洋治　キリスト教がよくわかる本
池ノ上直隆　会社をつくって成功する法
稲葉　稔　大村益次郎
磯淵　猛　おいしい紅茶生活
石川能弘　山本勘助
石島洋一　決算書がおもしろいほどわかる本
石島洋一　これならわかる「会社の数字」
石島洋一　だいたいわかる「決算書」の読み方
飯田史彦　生きがいの創造
飯田史彦　生きがいのマネジメント
飯田史彦　大学で何をどう学ぶか
飯田史彦　生きがいの本質
伊藤雅俊　商いの道
今泉正顕　論語に親しむ
糸瀬　茂　アングロサクソンになれる人が成功する
泉　秀樹　「東海道五十三次」おもしろ探訪
梅原　猛　『歎異抄』入門
内海好江　気遣い心遣い
瓜生　中　やさしい般若心経
瓜生　中　仏像がよくわかる本

内田洋子　イタリアン・カップチーノをどうぞ
江坂　彰　2001年・サラリーマンはこう変わる
江坂　彰　「能力主義」で成功する50のポイント
遠藤周作　あなたの中の秘密のあなた
遠藤周作　恋することと愛すること
江口克彦　心はいつもここにある
江口克彦　経営秘伝
松下幸之助 述／江口克彦 記　松翁論語
江口克彦　王道の経営
江口克彦　成功の法則
江口克彦　成功の智恵
遠藤順子　夫の宿題
エンサイクロネット　「日本経済」なるほど雑学事典
エンサイクロネット　「言葉のルーツ」おもしろ雑学
岡崎久彦　陸奥宗光 上巻
岡崎久彦　陸奥宗光 下巻
奥宮正武　真実の太平洋戦争
奥宮正武　真実の日本海軍史
奥宮正武／淵田美津雄　ミッドウェー
奥宮正武／淵田美津雄　機動部隊

PHP文庫

奥宮正武・堀越二郎　零戦
小和田哲男　戦国合戦事典
尾崎哲夫　10時間で英語が話せる
尾崎哲夫　10時間で英語が読める
尾崎哲夫　英会話「使える表現」ランキング
尾崎哲夫　10時間で覚える英単語
尾崎哲夫　10時間で英語が書ける
尾崎哲夫　10時間で英語が聞ける
尾崎哲夫　英会話「使える単語」ランキング
尾崎哲夫　10時間で覚える英文法
尾崎哲夫　TOEIC®テストを攻略する本
尾崎哲夫　大人のための英語勉強法
越智幸生　小心者の海外一人旅
大前研一　柔らかい発想
小栗かよ子・堀田明美　エレガント・マナー講座
大島秀太　世界一やさしいパソコン用語事典
大島昌宏　結城秀康
大島昌宏　柳生宗矩
太田颯衣　5年後のあなたを素敵にする本
太田颯衣　すてきな女性のイキイキ仕事術

大橋武夫　戦いの原則
奥山文弥　「釣り」がもっと楽しくなる本
呉善花　日本が嫌いな日本人へ
呉善花　日本人を冒険する
大原敬子　「かしこいお母さん」になる本
大原敬子　こんな小さなことで愛される77のマナー
岡本好古　韓信
唐津一　販売の科学
加藤諦三　愛されなかった時どう生きるか
加藤諦三　いま就職をどう考えるか
加藤諦三　自分にやさしく生きる心理学
加藤諦三　自分を見つめる心理学
加藤諦三　「思いやり」の心理
加藤諦三　愛すること 愛されること
加藤諦三　「やさしさ」と「冷たさ」の心理
加藤諦三　自分の構造
加藤諦三　人生の悲劇は「よい子」に始まる
加藤諦三　「甘え」の心理
加藤諦三　「自分づくり」の法則
加藤諦三　偽りの愛・真実の愛

加藤諦三　「こだわり」の心理
加藤諦三　親離れできれば生きることは楽になる
加藤諦三　「つらい努力」と「背伸び」の心理
加藤諦三　「自分」に執着しない生き方
加藤諦三　「不機嫌」になる心理
加藤諦三　終わる愛 終わらない愛
加藤諦三　「せつなさ」の心理
加藤諦三　生き方を考えながら英語を学ぶ
加藤諦三　やせたい人の心理学
加藤諦三　20代の私をささえた言葉
加藤諦三　「青い鳥」をさがしすぎる心理
加藤諦三　行動してみることで人生は開ける
加藤諦三　「妬み」を捨て「幸せ」をつかむ心理学
加藤諦三　自分を活かす心理学
加藤諦三　辛さに耐える心理学
加藤諦三　自分に気づく心理学
加藤諦三　自立と孤独の心理学
加藤諦三　自分の居場所をつくる心理学
笠巻勝利　仕事が嫌になったとき読む本
笠巻勝利　眼からウロコが落ちる本

PHP文庫

加野厚志　島津義弘
加野厚志　本多平八郎忠勝
川北義則　逆転の人生法則
川北義則　人生・愉しみの見つけ方
川北義則　親は本気で叱れ！
樺旦純　嘘が見ぬける人、見ぬけない人
樺旦純　ウマが合う人、合わない人
樺旦純　人を動かす心理テクニック
樺旦純　運がつかめる人つかめない人
樺旦純　頭がヤワらかい人・カタい人
樺旦純　うっとうしい気分を変える本
樺旦純　人はなぜ他人の失敗がうれしいのか
加藤蕙　島津斉彬
川島令三 編著　鉄道なるほど雑学事典
川島令三 編著　鉄道なるほど雑学事典2
川島令三 編著　通勤電車なるほど雑学事典
川島令三／岡田直　鉄道のすべてがわかる事典
川島令三　私の電車史
金盛浦子　あなたらしいあなたが一番いい
神川武利　秋山真之

神川武利　米内光政
快適生活研究会　「料理」ワザあり事典
快適生活研究会　「生活」ワザあり事典
快適生活研究会　「おしゃれ」ワザあり事典
快適生活研究会　「ガーデニング」ワザあり事典
快適生活研究会　「海外旅行」ワザあり事典
快適生活研究会　「ダンドリ」ワザあり事典
狩野直禎　「韓非子」の知恵
神谷満雄　鈴木正三
邱永漢　お金持ち気分で海外旅行
桐生操　イギリス怖くて不思議なお話
桐生操　イギリス不思議な幽霊屋敷
桐生操　世界史怖くて不思議なお話
桐生操　世界の幽霊怪奇物語
桐生操　世界史・呪われた怪奇ミステリー
北岡俊明　ディベートがうまくなる法
北岡俊明　最強のディベート術
北岡俊明　ディベート式「文章力」の磨き方
菊池道人　丹羽長秀
菊池道人　蒙古襲来

北嶋廣敏　話のネタ大事典
日下公人　裏と表から考えなさい
国司義彦　「30代の生き方」を本気で考える本
国司義彦　「40代の生き方」を本気で考える本
国司義彦　「20代の生き方」を本気で考える本
国司義彦　新・定年準備講座
国司義彦　はじめての部下指導
国司義彦　「よい会社」の選び方
黒部亨　後藤又兵衛
黒部亨　松永弾正久秀
黒岩重吾　古代史の真相
国沢光宏　とっておきクルマ学
国沢光宏　愛車学
公文教育研究所　太陽ママのすすめ
黒鉄ヒロシ　新選組
黒鉄ヒロシ　坂本龍馬
神坂次郎　天馬の歌 松下幸之助
神坂次郎　特攻隊員の命の声が聞こえる
今野信雄　定年5年前
國分康孝　人間関係がラクになる心理学

PHP文庫

國分康孝 自分を変える心理学
國分康孝 自分をラクにする心理学
國分康孝 心を伝える技術
児玉佳子／須藤亜希子 赤ちゃんの気持ちがわかる本
近藤唯之 プロ野球 新サムライ列伝
近藤唯之 プロ野球 名人列伝
近藤唯之 プロ野球通になれる本
近藤唯之 プロ野球 運命を変えた一瞬
近藤唯之 プロ野球 男の美学
近藤唯之 プロ野球 新・監督列伝
近藤唯之 プロ野球 男たちの勲章
近藤唯之 プロ野球 遅咲きの人間学
郡 順史 佐々成政
小石雄一 「朝」の達人
小石雄一 「週末」の達人
小林祥晃 Dr.コパの風水の秘密
小林祥晃 恋と仕事に効くインテリア風水
小林祥晃 12カ月風水開運法
小林祥晃 Dr.コパ お金がたまる風水の法則
小池直己 英文法を5日間で攻略する本

小池直己 3日間で征服する「実戦」英文法
小池直己 英会話の「決まり文句」
小池直己 TOEIC®テストの「決まり文句」
小池直己 TOEIC®テストの英文法
小林克己 「ヨーロッパ」1日7000円の旅行術
コイケ・ケイコ／チョン・ウンスク チープグルメ探険隊、韓国を行く！
木幡健一 「マーケティング」の基本がわかる本
今野 勉 真珠湾奇襲・ルーズベルトは知っていたか
コリン・ターナー／早野依子 訳 あなたに奇跡を起こすやさしい100の方法
小堀桂一郎 さらば東京裁判史観
佐々淳行 危機管理のノウハウ PART1
佐々淳行 危機管理のノウハウ PART2
佐々淳行 危機管理のノウハウ PART3
櫻木健古 「潔く」生きる
斎藤茂太 立派な親ほど子供をダメにする
斎藤茂太 心のウサが晴れる本
斎藤茂太 男を磨く酒の本
斎藤茂太 逆境がプラスに変わる考え方
斎藤茂太 初対面で相手の心をつかむ法
斎藤茂太 満足できる人生のヒント

斎藤茂太 10代の子供のしつけ方
斎藤茂太 心がラクになる事典
堺屋太一 豊臣秀長 上巻
堺屋太一 豊臣秀長 下巻
堺屋太一 鬼と人と 上巻
堺屋太一 鬼と人と 下巻
堺屋太一 組織の盛衰
佐竹申伍 島左近
佐竹申伍 蒲生氏郷
佐竹申伍 真田幸村
佐竹申伍 加藤清正
阪本亮一 できる営業マンはお客と何を話しているのか
阪本亮一 説得の鉄則
阪本亮一 対人関係が上手になる本
柴門ふみ フーミンのお母さんを楽しむ本
柴門ふみ 恋愛論
佐藤愛子 上機嫌の本
佐藤綾子 自分を見つめなおす22章
佐藤綾子 かしこい女は、かわいく生きる。
佐藤綾子 すてきな自分への22章

PHP文庫

佐藤綾子 「自分育て」のすすめ
佐藤綾子 「愛されるあなた」のつくり方
佐治晴夫 宇宙の不思議
佐治晴夫 宇宙はささやく
酒井美意子 花のある女の子の育て方
佐藤悌二郎 経営の知恵 トップの戦略
佐藤勝彦 監修 「相対性理論」を楽しむ本
佐藤勝彦 監修 最新宇宙論と天文学を楽しむ本
佐藤勝彦 監修 「量子論」を楽しむ本
坂崎善之 本田宗一郎の流儀
坂崎重盛 「ほめ上手」には福きたる
坂崎重盛 なぜ、この人の周りに人が集まるのか
真田信治 標準語の成立事情
渋谷昌三 外見だけで人を判断する技術
渋谷昌三 対人関係で度胸をつける技術
渋谷昌三 使える心理ネタ43
渋谷昌三 かくれた自分がわかる心理テスト
渋谷昌三 駆け引きと裏読みの技術
渋谷昌三 心理学が使える人が成功する
真藤建志郎 ことわざを楽しむ辞典

芝 豪 河井継之助
芝 豪 太公望
所澤秀樹 鉄道の謎なるほど事典
所澤秀樹 鉄道なるほど旅行術
陣川公平 よくわかる会社経理
陣川公平 「会社経理」なるほどゼミナール
陣川公平 これならわかる「経営分析」
重松一義 江戸の犯罪白書
柴田 武 知ってるようで知らない日本語
鈴木秀子 自分探し、他人探し
鈴木 豊 「顧客満足」の基本がわかる本
世界博学倶楽部 「世界地理」なるほど雑学事典
瀬島龍三 大東亜戦争の実相
関 裕二 古代史の秘密を握る人たち
曽野綾子 夫婦、この不思議な関係
竹村健一 運の強い人間になる法則
谷沢永一 司馬遼太郎の贈りもの
谷沢永一 司馬遼太郎の贈りものII
谷沢永一 反日的日本人の思想
谷沢永一／渡部昇一 人生は論語に窮まる

高橋 浩 頭のいい人悪い人、その差はここだ！
武岡淳彦 新釈 孫子
田中澄江 子供にいい親 悪い親
田中澄江 「しつけ」の上手い親・下手な親
田中澄江 かしこい女性になりなさい
田中澄江 続・かしこい女性になりなさい
武光 誠 18ポイントで読む日本史
田中真澄 なぜ営業マンは人間的に成長するのか
田中眞紀子 時の過ぎゆくままに
高橋克彦 風の陣〔立志篇〕
田原 紘 「絶対感覚」ゴルフ
田原 紘 右脳を使うゴルフ
田原 紘 目からウロコのパット術
田原 紘 田原紘のイメージ・ゴルフ
田原 紘 飛んで曲がらない「二軸打法」
田原 紘 ゴルフ下手が治る本
田原 紘 負けて覚えるゴルフ
田原 紘 実践50歳からのパワーゴルフ
田原 紘 ゴルフ曲がってあたりまえ
田原 紘 上手いゴルファーはここが違う

PHP文庫

高橋和島　福島正則
高橋勝成　ゴルフ最短上達法
田中誠一　ゴルフ上達の科学
立川志の輔 選・監修／PHP研究所 編　古典落語100席
立川志の輔 監修／古木優・高田裕史 編　千字寄席
高橋安昭　会社の数字に強くなる本
高野澄　上杉鷹山の指導力
高野澄　井伊直政
高野澄　歴史人物 意外なウラ話
高野澄　日蓮
田島みるく 文／絵　お子様ってやつは
田島みるく 文／絵　「出産」ってやつは
高嶌幸広　説明上手になる本
高嶌幸広　説得上手になる本
高嶌幸広　ほめ上手・叱り上手になる本
高嶌幸広　話し方上手になる本
立石優　鈴木貫太郎
立石優　范蠡
竹内靖雄　「日本人らしさ」とは何か
武田鏡村　名禅百話

武田鏡村　前田利家の謎
田中宇　国際情勢の見えない動きが見える本
高宮和彦 監修　健康常識なるほど事典
高川敏雄　「IT用語」に強くなる本
高川敏雄　「ネットビジネス」入門の入門
多賀一史　日本海軍艦艇ハンドブック
西野広祥　中国古典百言百話2 韓非子
丹羽隼兵　中国古典百言百話3 三国志
村山孚　中国古典百言百話4 孫子
守屋洋　中国古典百言百話6 老子・荘子
久米旺生　中国古典百言百話7 論語
柘植久慶　北朝鮮軍 ついに南侵す！
柘植久慶　旅順
出口保夫 文／出口雄大 イラスト　英国紅茶への招待
出口保夫　英国紅茶の話
出口保夫／林望　イギリスはかしこい
寺林峻　服部半蔵
帝国データバンク情報部 編　危ない会社の見分け方
童門冬二　「情」の管理・「知」の管理
童門冬二　勝海舟の人生訓

童門冬二　上杉鷹山の経営学
童門冬二　戦国名将一日一言
童門冬二　上杉鷹山と細井平洲
童門冬二　名補佐役の条件
童門冬二　宮本武蔵の人生訓
戸部新十郎　忍者の謎
戸部新十郎　戦国興亡 武将たちの進退
戸部新十郎　信長の合戦
外山滋比古　親は子に何を教えるべきか
外山滋比古　聡明な女は話がうまい
外山滋比古　子育ては言葉の教育から
外山滋比古　文章を書くこころ
外山滋比古　新編 ことばの作法
外山滋比古　文章を書くヒント
外山滋比古　家族に大切な60の話
土門周平　参謀の戦争
永崎一則　ちょっといい話200選
永崎一則　人はことばに励まされ、ことばで鍛えられる
永崎一則　話力があなたの人生を変える
永崎一則　接客上手になる本

PHP文庫

永崎一則　聡明な女性の素敵な話し方
中村幸昭　マグロは時速160キロで泳ぐ
中谷彰宏　大人の恋の達人
中谷彰宏　運を味方にする達人
中谷彰宏　君がきれいになった理由
中谷彰宏　3年後の君のために
中谷彰宏　君が愛しくなる瞬間
中谷彰宏　結婚しても恋人でいよう
中谷彰宏　次の恋はもう始まっている
中谷彰宏　ひと駅の間に知的になる
中谷彰宏　入社3年目までに勝負がつく77の法則
中谷彰宏　こんな上司と働きたい
中谷彰宏　一回のお客さんを信者にする
中谷彰宏　僕は君のここが好き
中谷彰宏　気がきく人になる心理テスト
中谷彰宏　本当の君に会いたい
中谷彰宏　一生この上司についていく
中谷彰宏　君のしぐさに恋をした
中谷彰宏　超 管 理 職
中谷彰宏　君と僕だけに見えるものがある

中谷彰宏　自分に出会う旅に出よう
中谷彰宏　ニューヨークでひなたぼっこ
中谷彰宏　人生は成功するようにできている
中谷彰宏　知的な女性は、スタイルがいい。
中谷彰宏　昨日までの自分に別れを告げる
中谷彰宏　あなたに起こることはすべて正しい
中谷彰宏　君は毎日、生まれ変わっている。
中谷彰宏　週末に生まれ変わる50の方法
中谷彰宏　1日3回成功のチャンスに出会っている
中谷彰宏　忘れられない君のプレゼント
中谷彰宏　不器用な人ほど成功する
中谷彰宏　朝に生まれ変わる50の方法
中谷彰宏　忘れられない君のひと言
中谷彰宏　頑張りすぎないほうが成功する
中谷彰宏　成功する大人の頭の使い方
中谷彰宏　なぜ彼女にオーラを感じるのか
中谷彰宏　人間に強い人が成功する
中谷彰宏　あなたの出会いはすべて正しい
中谷彰宏　自分で考える人が成功する
中谷彰宏　運が開ける3行ハガキ

中谷彰宏　時間に強い人が成功する
中谷彰宏　あなたは人生に愛されている
中谷彰宏　大学時代しなければならない50のこと
中谷彰宏　運命を変える50の小さな習慣
中谷彰宏　問題を起こす人が成功する
中谷彰宏　あなたが動けば、人は動く
中谷彰宏　君の手紙に恋をした
中谷彰宏　強運になれる50の小さな習慣
中谷彰宏　なぜあの人はプレッシャーに強いのか
中谷彰宏　大学時代出会わなければならない50人
中谷彰宏　生き直すための50の小さな習慣
中谷彰宏　お客様から、教わろう。
中谷彰宏　なぜあの人にまた会いたくなるのか
中村 晃　直 江 兼 続
中村 晃　児 玉 源 太 郎
中村 晃　天 海
中村 晃　平 清 盛
中村整史朗　本 多 正 信
中村整史朗　尼 子 経 久
長崎快宏　東南アジアの屋台がうまい！

PHP文庫

長崎快宏 アジア・ケチケチ一人旅
長崎快宏 アジア笑って一人旅
長崎快宏 アジアでくつろぐ
長崎快宏 アジア・食べまくり一人旅
中津文彦 日本史を操る興亡の方程式
中津文彦 闇の関ヶ原
中津文彦 おりょう残夢抄
中江克己 神々の足跡
中江克己 日本史怖くて不思議な出来事
中江克己 「歴史」の意外なネタ366日
中江克己 お江戸の意外な生活事情
中森じゅあん 「幸福の扉」を開きなさい
夏坂　健 ゴルフの「奥の手」
永峯清成 上杉謙信
中山庸子 「夢ノート」のつくりかた
中山庸子 夢生活カレンダー
中山庸子 いつだって幸せコーディネイト
長瀬勝彦 うさぎにもわかる経済学
中西　安 数字が苦手な人の経営分析
鳴海　丈 柳屋お藤捕物帳

中澤天童 名古屋の本
中村吉右衛門 半ズボンをはいた播磨屋
中山み登り 「あきらめない女」になろう
中原英臣 ヒトゲノムのすべて
中原英臣 監修 よくわかる「バイオテクノロジー」最前線
中島道子 前田利家と妻まつ
西田通弘 隗より始めよ
西尾幹二 歴史を裁く愚かさ
西尾幹二／藤岡信勝 国民の油断
丹羽基二 知って楽しい「苗字」のウンチク
日本語表現研究会 気のきいた言葉の事典
日本語表現研究会 間違い言葉の事典
二宮隆雄 雑賀孫市
日本博学倶楽部 「県民性」なるほど雑学事典
日本博学倶楽部 「歴史」の意外な結末
日本博学倶楽部 「日本地理」なるほど雑学事典
日本博学倶楽部 「関東」と「関西」こんなに違う事典
日本博学倶楽部 雑学大学
日本博学倶楽部 世の中の「ウラ事情」はこうなっている
日本博学倶楽部 身のまわりの大疑問

日本博学倶楽部 「関東」と「関西」おもしろ比較読本
日本博学倶楽部 「漢字」なるほど雑学事典
日本博学倶楽部 歴史の意外な「ウラ事情」
日本博学倶楽部 あの「迷信・ジンクス」は本当か？
日本博学倶楽部 身近な「モノ」の超意外な雑学
西野武彦 経済用語に強くなる本
西野武彦 「金融」に強くなる本
西野武彦 「株のしくみ」がよくわかる本
西野武彦 「投資と運用」のしくみがわかる本
西野武彦 「金融機関のしくみ」がよくわかる本
沼田　朗 ネコは何を思って顔を洗うのか
沼田陽一 イヌはなぜ人間になつくのか
野村正樹 朝・出勤前90分の奇跡
野村敏雄 宇喜多秀家
野村敏雄 大谷吉継
野村敏雄 小早川隆景
野口吉昭 コンサルティング・マインド
野口靖夫 超メモ術
浜尾　実 子供のほめ方・叱り方
浜尾　実 子供を伸ばす一言、ダメにする一言

PHP文庫

畠山芳雄　人を育てる100の鉄則
半藤一利　日本海軍の興亡
半藤一利　ドキュメント太平洋戦争への道
半藤一利　完本・列伝 太平洋戦争
半藤一利　レイテ沖海戦
浜野卓也　北条時宗
浜野卓也　黒田官兵衛
浜野卓也　吉川元春
浜野卓也　蜂須賀小六
花村　奨　前田利家
原田宗典　平凡なんてありえない
葉治英哉　松平容保
葉治英哉　張　良
春田俊郎　植物は不思議がいっぱい
羽生道英　徳川家光
羽生道英　東郷平八郎
ハイパープレス　「地図」はこんなに面白い
林　望　リンボウ先生のへそまがりなる生活
秦　郁彦　ゼロ戦20番勝負
ひろさちや　仏教に学ぶ八十八の智恵

PHP研究所 編　本田宗一郎「一日一話」
PHP研究所 編　違いのわかる事典
平井信義　けんかを忘れた子どもたち
平井信義　5歳までのゆっくり子育て
平井信義　思いやりある子の育て方
平井信義　子供を伸ばす親・ダメにする親
平井信義　親がすべきこと・してはいけないこと
平井信義　子どもの能力の見つけ方・伸ばし方
平井信義　子どもを叱る前に読む本
平井信義　よい子・悪い子
平井信義　「叱らないで」おかあさん
弘兼憲史　覚悟の法則
PHP総合研究所 編　松下幸之助 発想の軌跡
PHP総合研究所 編　松下幸之助若き社会人に贈ることば
PHP総合研究所 編　松下幸之助・経営の真髄
PHP総合研究所 編　松下幸之助「一日一話」
火坂雅志　魔界都市・京都の謎
PHPエディターズ・グループ　図解「パソコン入門」の入門
PHPエディターズ・グループ　図解パソコンでグラフ・表づくり
藤本義一 丹波　元　大阪人と日本人

福島哲史　「書く力」が身につく本
二見道夫　できる課長・係長30の仕事
渕田美津雄　真珠湾攻撃
ファン・スンジェ コリアンワークス　韓国ソウルをとことん楽しむ
向山洋一 編 井上好文 著　中学校の数学「数式」を5時間で攻略する本
向山洋一 編 井上好文 著　中学校の数学「図形」を5時間で攻略する本
向山洋一 編 渡辺尚人 著　小・中学校の「日本史」を20場面で完全理解
向山洋一 編 渡辺尚人 著　中学校の「世界史」を20場面で完全理解
向山洋一 編 小森栄治 著　中学校の「理科」がよくわかる本
向山洋一 編 村田　斎 著　思考力が伸びる「算数の良問」ベスト72題
北條恒一　〈改訂版〉「株式会社」のすべてがわかる本
北條恒一　「連結決算」がよくわかる本
北條恒一　「資金繰り」がよくわかる本
星　亮一　山中鹿之介
星　亮一　山口多聞
星　亮一　ジョン万次郎
星　亮一　渕田美津雄
保阪正康　太平洋戦争の失敗・10のポイント
保阪正康　昭和史がわかる55のポイント
松下政経塾 編　松下政経塾講話録

PHP文庫

松下幸之助　仕事の夢　暮しの夢
松下幸之助　物の見方　考え方
松下幸之助　私の生き方　考え方
松下幸之助　指導者の条件
松下幸之助　決断の経営
松下幸之助　人を活かす経営
松下幸之助　わが経営を語る
松下幸之助　社員稼業
松下幸之助　その心意気やよし
松下幸之助　松下幸之助経営語録
松下幸之助　21世紀の日本
松下幸之助　人間を考える
松下幸之助　リーダーを志す君へ
松下幸之助　君に志はあるか
松下幸之助　松下幸之助発言集ベストセレクション第一巻　商売は真剣勝負
松下幸之助　松下幸之助発言集ベストセレクション第二巻　経営にもダムのゆとり
松下幸之助　松下幸之助発言集ベストセレクション第三巻　景気よし不景気またよし
松下幸之助　松下幸之助発言集ベストセレクション第四巻　企業は公共のもの
松下幸之助　松下幸之助発言集ベストセレクション第五巻　道行く人もみなお客様
松下幸之助　松下幸之助発言集ベストセレクション第六巻　一人の知恵より十人の知恵
松下幸之助　松下幸之助発言集ベストセレクション第七巻　商品はわが娘
松下幸之助　松下幸之助発言集ベストセレクション第八巻　強運なくして成功なし
松下幸之助　松下幸之助発言集ベストセレクション第九巻　正道を一歩一歩
松下幸之助　松下幸之助発言集ベストセレクション第十巻　社員は社員稼業の社長
松下幸之助　人生談義
松下幸之助　思うまま
松下幸之助　夢を育てる
松下幸之助　若さに贈る
松下幸之助　道は無限にある
松下幸之助　商売心得帖
松下幸之助　経営心得帖
松下幸之助　社員心得帖
松下幸之助　人生心得帖
松下幸之助　実践経営哲学
松下幸之助　経営のコツここなりと気づいた価値は百万両
松原惇子　いい女は頑張らない
松原淳子　そのままの自分でいいじゃない
松原惇子　「いい女」講座
松原惇子　「いい女」ヒント
松野宗純　人生は雨の日の托鉢
松野宗純　幸せは我が庭にあり
町沢静夫　絶望がやがて癒されるまで
町沢静夫　ありのままの自分に“YES”と言おう
町沢静夫　若者の「心の病」がわかる本
的川泰宣　宇宙は謎がいっぱい
的川泰宣　宇宙の謎を楽しむ本
毎日新聞社　話のネタ
毎日新聞社　「県民性」こだわり比較事典
マザー・テレサ　渡辺和子訳　マザー・テレサ愛と祈りのことば
まついなつき 文／絵　うちの子どもにゃヘソがある
松井今朝子　東洲しゃらくさし
三浦朱門／曽野綾子／遠藤周作　まず微笑
水上勉　「般若心経」を読む
宮脇檀　都市の快適住居学
宮脇檀　男の生活の愉しみ
宮部みゆき　初ものがたり
宮部みゆき／阿部龍太郎／中村隆資 他　運命の剣のきばしら
宮野澄　小澤治三郎
満坂太郎　榎本武揚
三戸岡道夫　保科正之

PHP文庫

三戸岡道夫　大山巌
水木しげる 監修　妖かしの宴
水木しげる 監修　変化〈へんげ〉
雅孝司　パズル大学
雅孝司　おもわず人に話したくなる「日本語」の本
三波春夫　歌藝の天地
村山孚　「論語」一日一言
村松増美　だから英語は面白い
守屋洋　中国古典一日一言
守屋洋　新釈菜根譚
百瀬明治　徳川秀忠
百瀬明治　般若心経の謎
森本哲郎　ソクラテス最後の十三日
森本繁　徳川三代99の謎
森本繁　北条時宗と蒙古襲来99の謎
森本邦子　わが子が幼稚園に通うとき読む本
安岡正篤　活眼活学
安井かずみ　自分を愛するこだわりレッスン
八尋舜右　竹中半兵衛
八尋舜右　立花宗茂

山﨑武也　一流の条件
山﨑武也　一流の人間学
山﨑武也　一流の作法
山﨑武也　男のマナー
山﨑武也　岡倉天心『茶の本』を読む
山﨑房一　いじめない、いじめられない育て方
山﨑房一　強い子・伸びる子の育て方
山﨑房一　心が軽くなる本
山﨑房一　心がやすらぐ魔法のことば
山﨑房一　子どもを伸ばす魔法のことば
山﨑房一　どんどんほめればグングン伸びる
山田正二 監修　間違いだらけの健康常識
八幡和郎　47都道府県うんちく事典
スーザン・ヘイワード 編 山川紘矢・亜希子 訳　聖なる知恵の言葉
矢野新一　出身地でわかる性格・相性事典
八坂裕子　ハートを伝える聞き方、話し方
山形琢也　会社をのばす幹部つぶす幹部
唯川恵　明日に一歩踏み出すために
吉村作治　古代遺跡を楽しむ本
吉村作治　古代エジプトを掘る

吉沢久子　暮らし上手は生きかた上手
横田敏勝 監修　脳の不思議を楽しむ本
吉田俊雄　連合艦隊の栄光と悲劇
吉田俊雄　マリアナ沖海戦
読売新聞大阪編集局　雑学新聞
竜崎攻　真田昌幸
渡辺和子　美しい人に
渡辺和子　心に「愛」がなければ
渡辺和子　愛をこめて生きる
渡辺和子　愛することは許されること
渡部昇一　日本人の本能
鷲田小彌太　大学教授になる方法
鷲田小彌太　自分で考える技術
鷲田小彌太　「自分の考え」整理法
鷲田小彌太　パソコンで考える技術
鷲田小彌太　「やりたいこと」がわからない人たちへ
ブライアン・L・ワイス 山川紘矢・亜希子 訳　前世療法
ブライアン・L・ワイス 山川紘矢・亜希子 訳　前世療法 2
ブライアン・L・ワイス 山川紘矢・亜希子 訳　魂の伴侶—ソウルメイト
和田秀樹　女性が元気になる心理学